# 자비출판
# 책 내는 법

책출간이 처음이신 분들을 위한 필독서
# 자비출판 책 내는 법

초판 1쇄 인쇄  2023년 11월 02일
초판 1쇄 발행  2023년 11월 14일

신고번호  제313-2010-376호
등록번호  105-91-58839

지은이  편집부

발행처  보민출판사
발행인  김국환
기획  김선희
디자인  김민정

ISBN  979-11-6957-098-5    03190

주소  경기도 파주시 해올로 11, 우미린더퍼스트@ 상가 2동 109호
전화  070-8615-7449
사이트  www.bominbook.com

• 가격은 뒤표지에 있으며, 파본은 구입하신 서점에서 교환해드립니다.
• 이 책은 저작권법에 의하여 보호를 받는 저작물이므로 무단 전재와 복사를 금합니다.

책출간이 처음이신 분들을 위한 필독서

# 자비출판 책 내는 법

———— 편집부 지음 ————

출판사 선택 기준 | 출간상담 노하우 | 계약서 작성 시 유의사항 | 출판 전 과정 알아보기 | 출간비용 산정 기준 | 도서계약 기간의 중요성 | 종이책과 전자책 작가인세 및 지급방식 | 판매와 직결되는 책제목과 부제목 | 효과적인 온/오프라인 도서 홍보 | 무료 이미지 사이트 소개 | 틀리기 쉬운 우리말 표현 | 출판용어 총정리

## 머리말

요즘 자비출판 방식의 책출간을 하시는 작가님들이 점차 늘어나고 있는 추세입니다. 이에 따라 자비출판사들도 작가님들을 모시기 위해 다양한 방식의 출간조건을 내세우면서 타 자비출판사들과의 출혈경쟁을 감수하고 있는 상황인데요. 즉 기획출판사들이 한 권의 책을 만들기 위해 출간비용을 1,000~2,000만 원 정도 쓴다면 자비출판사들은 대개 200~500만 원대의 저렴한 출간비용으로 비슷한 수준의 책을 만든다고 감히 말씀드리고 싶습니다. 그만큼 자비출판사들도 생존을 위해 몸부림치고 있는 것이 현실입니다.

기획출판의 경우는 무명작가나 일반인들이 아무리 원고투고를 해보아도 답장이 없거나 부정적인 답변만 듣기 일쑤인데요. 현직에서 20년 넘게 편집자로 일해오면서 말씀드리고 싶은 것은 요즘 자비출판의 퀄리티가 기획출판 못지 않게 좋아졌다는 것입니다. 상황이 이런데 굳이 진입장벽이 높은 기획출판을 고집하시기보다는 이제 자비출판에 관심을 기울일 필요가 있는데요. 한 예로 작가인세를 들 수 있는데요. 자비출판 방식의 작가인세는 기획출판보다 최소 3~5배 높습니다. 즉 작가님 자신의 원고가 정말 독자들에게 필요한 책이라면 기획출판의 10% 내외의 작가인세보다는 50%대의 작가인세를 주는 자비출판 방식의 출판을 추천드립니다.

이 책「자비출판 책 내는 법」에서는 책출간이 처음이신 분을 위해 한 번쯤은 꼭 읽어보셔야 할 다양한 정보들을 저희들의 그동안 경험과 노하우를 바탕으로 좀 더 현실에 맞게 써 내려갔습니다. 예전에는 어느 작가님께서 기획출판으로 책을 내신다고 하시면 자비출판보다는 그게 낫다고 말씀드리곤 하였는데요. 최근에는 사회적으로 너무 경제가 어렵다 보니 단순히 책만 내는 것이 아닌 그도서판매 수익도 중요시되고 있습니다. 이런 이유로 자비출판을 단순히 폄하하기보다는 새로운 재테크 개념으로 바라봐 주시는 것도 좋은 방법일 듯합니다.

과연 성공적인 책출간이란 무엇인가에 대해 수없이 고민하였지만 한 가지 확실한 것은 즐거운 책만들기가 되어야 한다는 것입니다. 그래서 이 책 본문에서도 언급하였지만 여러분의 출판사 선택 기준으로 '친절함'을 먼저 보라는 말씀을 드렸습니다. 책을 만드는 과정에서도 작가님과 출판사 간에 분쟁이 자주 발생하는데요. 이는 출판사도 잘못이 있지만 작가님께서도 우리나라의 출판업계를 잘 모르시다 보니 종종 일어나는 문제인 것 같습니다. 이 책을 통해 출판 전반적인 정보를 얻으셔서 자비출판 방식으로 책을 출간하실 때 해당 출판사와 프로작가처럼 상담하시기를 바라는 마음입니다. 즉 주도권을 잡으시기 바랍니다.

- **편집부** 일동

차례

## 제1부. 자비출판과 기획출판

01. 자비출판과 기획출판 구분하기 • 12
02. 작가님의 출판사 선택 기준 • 14
03. 자비출판 시 계약서 작성 유의사항 • 16
04. 부당한 계약조건을 제시하는 출판사는 패스! • 18
05. 디지털 인쇄와 옵셋인쇄 방식의 용도 • 20
06. 기존 책을 다시 내는 경우는 개정판으로 • 22
07. 종이책과 전자책 작가인세의 차이점 • 24
08. 국내 에이전시를 통한 해외 출판 • 26
09. 자비출판 시 출간비용 산정 기준 • 28
10. 각 장르마다 흔히 쓰이는 판형(크기) • 30
11. 도서정가제와 책값 산정 기준 • 32
12. 우리나라 온라인 서점과 오프라인 서점들 • 34
13. 작가증정부수와 초판인쇄부수의 상관관계 • 37
14. 작가인세와 실시간 판매현황 공유 • 39
15. 계약 기간은 책의 생명 기간? • 42
16. 출간비용 이외의 부당한 추가비용 • 44
17. 기획출판사에 원고투고는 희망고문 • 47
18. 전자책보다 높은 종이책 판매량 • 49
19. 기획출판도 병행하는 자비출판사들 • 51
20. 저작권과 2차편집저작권의 이해 • 53
21. 독립출판보다 더 나은 자비출판 • 55
22. 200자 원고지 기준 200페이지가 나오려면? • 57
23. 시집은 모두 자비출판이다? • 59
24. 일반 청소년에게 기획출판은 하늘에 별따기 • 61
25. 자비출판의 전 과정을 한눈에 보기 • 63
26. 우리나라의 매우 열악한 출판 환경 • 70

## 제2부. 책편집과 표지 디자인

01. 무료 이미지 사이트, 픽사베이 • 74
02. 편집과 디자인의 디테일한 작업 • 77
03. 책제목이 정말 중요한 이유 • 79
04. 책구매와 연결된 책제목 정하는 공식 • 81
05. 최근 책제목만큼 중요해진 부제목 • 83
06. 책제목에 따른 표지 디자인 작업 • 85
07. 독자에 대한 배려심까지 묻어나는 교정교열 • 86
08. 건축물의 도면과 같은 존재, 목차 • 88
09. 최신 디자인 경향이 반영된 표지 디자인 작업 • 90
10. 앞표지와 뒤표지 그리고 띠지 검수 • 92
11. 원고작성 시 레이아웃 설정하기 • 94

## 제3부. 온/오프라인 도서 마케팅

01. 예스24 서점의 도서 '판매지수' • 98
02. 자서전 출판과 퍼스널 브랜딩 • 100
03. 효과 높은 평대이벤트와 서평이벤트 홍보 • 102
04. 독자의 트렌드와 니즈를 파악한 마케팅 • 105
05. 도서 마케팅의 세 단계 프로세스 • 107
06. 독자들이 원하는 책이 바로 베스트셀러 • 110
07. 무료로 홍보할 수 있는 각종 SNS 활용 • 112
08. SNS(Social Network Service)의 정의 • 114
09. 페이스북(Facebook)의 홍보효과 • 116
10. X(옛 트위터)의 기나긴 이야기 • 118
11. SNS의 최강자, 인스타그램(Instagram) • 121
12. 중장년층의 SNS, 카카오스토리(KakaoStory) • 126

## 부록

01. 틀리기 쉬운 우리말 표현 • 132
02. 일반적으로 통용되는 출판용어 총정리 • 167

제1부

# 자비출판과 기획출판

# 01 자비출판과 기획출판 구분하기

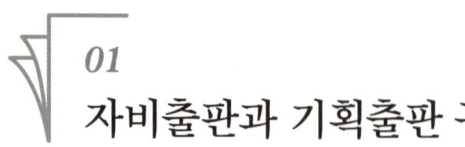

우리나라의 출판방식에는 크게 두 가지가 있습니다. 바로 자비출판과 기획출판이죠. 큰 차이점은 누가 책출간에 필요한 돈을 내느냐입니다. 여기서 기획출판은 유명작가들이나 유명 연예인 또는 작품성이 뛰어난 작품에 대해 출판사가 작가님과 상의하여 출간계약을 하고 모든 출간비용을 해당 출판사에서 부담합니다. 즉, 출판사의 투자 프로젝트라고 볼 수 있죠. 이와는 반대로 자비출판은 작가님께서 책출간에 들어가는 모든 출판비용을 부담하시여 출판하는 방식입니다. 이때 출판사는 작가님이 책을 내는 데 필요한 모든 과정, 즉 편집 및 디자인, 인쇄, 서점유통까지 전 과정을 대신 진행해주게 됩니다.

또한 자비출판은 작가님이 출간비용을 모두 부담하시기에 작가인세가 기획출판에 비해 높게 책정된다는 장점도 있습니다. 기획출판의 경우 보통 작가인세가 책정가의 5~10%라면 자비출판의 경우에는 출판사마다 조금씩 다르겠지만 보통 30~55%입니다. 즉 기획출판보다 자비출판이 작가인세 측면에서 최소 3배에서 5배까지 차이가 납니다. 이는 다른 말로 도서 판매량이 같을 경우 자비출판으로 한 권을 펴내서 받는 작가인세가 기획출판으로 다섯 권을 펴내서 받는 작가인세와 비슷하다는 말입니다. 이때 작가님께서는 저작권을 가지게 되며, 출판사는 도서출판 계약 기간까지만 출판권(판매권)을 갖게 됩니다.

## 작가님의 출판사 선택 기준

　우리나라에는 출판사들이 대략 4만여 군데 이상 있는데요. 네이버나 다음 검색창에 '자비출판'이라 치시면 여러 출판사들이 나옵니다. 이중에서 마음에 드시는 출판사 홈페이지에 방문하시어 상세한 출간조건이나 출간비용 그리고 정말 중요한 것이 있죠? 그건 바로, 해당 출판사가 친절한가입니다. 이는 출판사와의 전화상담을 통해 어느 정도 알 수 있는데요. 아무리 출간조건이 좋다고 한들 불친절한 출판사에서 책을 펴낸다면 앞으로 스트레스받을 일들이 한두 가지가 아닐 것입니다. 왜냐하면 모든 일은 결국 인간 대 인간의 관계에서 시작되기 때문인데요.

반면에 기획출판의 경우 진입장벽이 워낙 높기 때문에 여러 기획출판사들에 원고투고로 시간낭비를 하실 수 있습니다. 그래서 작가님께서 초보작가이거나 일반인일 경우 자신의 책을 꼭 펴내겠다는 굳은 의지가 있다시면 자비출판 방식을 적극 추천드립니다. 미래 사회는 글쓰기가 일반인들의 정신건강에 도움을 주기 때문에 지금보다 더 많은 사람들이 취미로 자신만의 글을 쓸 것이며, 이에 따라 자비출판 방식의 책출간도 좀 더 다양한 방식으로 발전할 것입니다.

# 03
# 자비출판 시 계약서 작성 유의사항

어떤 작가님들은 기획출판사에서 책을 만들 때 출간계약서 작성을 안 하시는 분들도 계시더군요. 이는 작가님 입장에서 출판사가 책을 내주는 것만으로도 감사하게 생각하여 그럴 수도 있는데요. 절대로 그렇게 하시면 안 됩니다. 왜나하면 책을 출판하여 서점에서 판매를 한다는 것은 상업적인 성격을 띠기 때문입니다. 즉, 돈이 오고 간다는 이야기죠. 그 책의 창작자이신 작가님께서는 저작물에 대한 작가인세를 받을 권리가 있습니다. 이건 정말 중요한 문제이며, 꼭 출간계약서상의 작가인세는 책 정가의 몇 %인지와 지급 시기 그리고 지급방법을 명시한 출간계약서 작성을 하셔야 합니다. 이것을 회피하는 출판사가 있다면 그 출판사는 패스하세요.

    또한 출판사에서 책을 출간한 이후에 홍보비용 등 이런저런 이유로 추가금액을 요구하는 곳은 피하는 것이 좋으며, 특히 무슨 작품집 공모전 하면서 무료로 책을 내준다는 곳은 반드시 상세한 계약조건을 잘 살펴보고 선택하여야 합니다. 보통 자비출판의 경우 출간비용은 크게 원고의 분량을 기준으로 산정되는데요. 그런 것이 아니라 어떤 출판사들 같은 경우에는 출간비용 개념을 사용하지 않고 차후에 책이 나왔을 때 작가님께서 그중 몇백 부 구매하라고 하는 계약조건이 있습니다. 작가님 입장에서는 자신이 출간비용을 주고 자비출판을 하지 않고 기획출판을 했구나 생각하실지도 모르지만, 이때는 책구매 비용 또한 출간비용으로 보셔야 합니다.

## 04
# 부당한 계약조건을
# 제시하는 출판사는 패스!

어느 출판사와 곧 계약을 앞둔 작가님이 있으신데요. 이분이 출판사에서 받은 출간계약서 조항을 봤는데, 향후 저작권 침해 관련 이슈가 생겨도 출판사에서는 일체 책임을 안 지고 온전히 작가님의 책임이라는 내용이 있었습니다. 이런 경우에는 미래에 발생할 수도 있는 문제이지만 사전에 해당 출판사의 출간계약서 조항 수정을 통해서 예방하는 것이 필요합니다. 만약에 작가님께 귀책사유가 없는데도 불구하고 이 출간계약서에 명시된 것처럼 모두 작가님 책임이 된다면 어처구니가 없겠지요.

다시 한번 말씀드리지만 출판사와 계약 시 이러한 비

슷한 형태의 조항들이 있다면 즉시 해당 출판사와 상의하셔서 작가님의 의견을 분명하게 말씀하시고 계약서를 수정하는 것이 최선의 방법입니다. 만약 출판사가 제시한 출간계약서를 검토도 거치지 않고 서명했다가는 이후 작가님께 불리하게 작용할 수도 있기 때문인데요. 그래서 출간계약서 검토는 꼼꼼하게 하셔야 합니다. 좀 더 솔직히 말씀드리면 이렇게 부당한 출간계약서를 제시하는 출판사는 그냥 패스하는 것이 낫습니다.

## 05
# 디지털 인쇄와 옵셋인쇄 방식의 용도

　자비출판 시 해당 출판사들은 전국서점유통을 위해 최소 초판인쇄부수를 300~500부 사이로 찍어냅니다. 이때 아셔야 할 것은 인쇄부수가 줄어들면 권당 제작단가가 올라간다는 것인데요. 이처럼 소량인쇄의 경우는 권당 제작단가가 높기 때문에 50부, 100부, 200부 등과 같은 소량은 디지털 인쇄 방식으로 하지만 500부가 넘어가면 한 부당 단가를 저렴하게 해주는 옵셋인쇄 방식으로 많이 찍어냅니다. 또한 전국 대형서점 유통 시에는 향후 원활한 도서판매를 위해서 기본적으로 출판사에서 가지고 있어야 할 필수보유 재고수량이 필요하기 때문에 작가증정본이 한정되게 됩니다. 어떤 작가님께서는 인쇄된 책에서 작가증정본을 가져가시고 나머지는 모두 대형서점으로 한꺼번에 보내는 줄 아시는데요. 그렇지 않습니다. 그중에 일부를 서점에 깔고 남은 부수는 출판사 물류창고에 보관하여 나중에 서점에서 주문이 오면 그날그날 책을 출고하게 됩니다.

## 06
# 기존 책을 다시 내는 경우는 개정판으로

원래 한 출판사에서 자비출판 방식으로 책을 펴냈다가 다시 다른 출판사에서 같은 책을 펴낼 때는 우선적으로 해야 할 것이 기존 출판사와의 계약관계를 서로 간에 합의하여 끝내는 것인데요. 그렇지 않으면 차후에 기존 출판사와 법적인 분쟁이 발생할 수도 있습니다. 한 가지 예로, 기존 출판사에서 낸 책이 현재도 계속 판매 중일 경우 출판권(판매권) 소송에 휘말릴 수 있는데요. 그래서 이 점은 필히 기억해두셔야 합니다.

한편 기존 출판사에서 펴낸 책과 같은 내용을 다른 출판사에서 재출간하실 때에는 기존 출판사에서 낸 책이 온라인 서점들에서 검색되기 때문에 독자들에게 혼란을 줄 수가 있는데요. 이때는 책제목과 내용을 조금 추가 및 수정하여 개정판으로 출간하는 것이 바람직합니다.

# 07
# 종이책과 전자책
# 작가인세의 차이점

　작가인세란 책이 판매되었을 때 그 판매수익 중 일부를 작가님께 지급하는 것을 말합니다. 자비출판의 경우는 기획출판보다 작가인세가 훨씬 높습니다. 보통 작가인세는 책정가의 몇 %를 준다와 같이 출간계약서에 명시하는데요. 이때 주의할 점으로 어떤 출판사는 서점공급가의 몇 %라고 제시하기도 합니다. 이럴 경우는 보통 서점공급가를 평균 책정가의 60%라고 잡고, 그중에서 몇 %를 준다는 의미로 해석하셔야 하는데요. 즉 10,000원짜리 책이 있다면 이중 6,000원이 서점공급가입니다. 이 6,000원에서 몇 %를 준다는 것이지요. 그래서 꼭 책정가의 몇 %인지, 서점공급가의 몇 %인지를 확인하시기 바랍니다.

　종이책과 마찬가지로 전자책(E-book)의 작가인세 또한 주의해야 할 것이 있습니다. 흔히들 전자책 작가인세가 40%라고 한다면 종이책 정가의 40%로 잘못 이해하시는 분들이 계시는데요. 엄밀히 말해서 전자책 정가의 40%이며, 전자책 정가는 보통 종이책 정가의 70% 정도에서 책값을 책정하기 때문에 그중 40%를 의미합니다.

　한편 기획출판의 경우 작가인세는 보통 책정가의 10% 내외라고 보시면 되며, 자비출판의 경우는 출판사마다 조금씩 다르지만 대개 30~55%까지 높게 책정됩니다. 이는 작가님이 출간비용을 전액 부담하기 때문인데요. 작가님 스스로 생각하였을 때 원고의 내용이 너무 좋다고 판단된다면 수익성 측면에서 봤을 때 기획출판 방식보다 자비출판 방식의 책출간을 권해드립니다.

# 08
# 국내 에이전시를 통한 해외 출판

우리나라에서 자비출판을 하고 나서 이 책을 해외에서 출간하려면 어떻게 해야 하는지에 대한 문의가 있었는데요. 작가님과 해당 출판사 간의 도서계약 기간이 끝났다면 출간해도 상관은 없습니다. 하지만 계약 기간 중에 하고자 한다면 해당 출판사와 반드시 상의하셔야 합니다. 이런 일은 정말 흔치 않은 경우인데요. 그만큼 해외 출판은 복잡하기 때문입니다.

이걸 하려면 우선 국내 에이전시를 통해 해당 국가의 출판사와 출간계약을 하셔야 하는데요. 그럴려면 국내 에이전시를 먼저 알아보셔야 하고요. 한편 주변을 보면 많은 분들이 해외에서 책을 펴낼 때 국내 출판사들이 직접 현지에서 출판할 수 있다고 오해하시는 경우가 있는데요. 우리나라의 경우에는 상업적 거래를 하기 위해 사업자등록증이 필요하고, 거래서점들이 있어야 하며, 입금받을 수 있는 거래은행 계좌도 필요합니다. 마찬가지로 해외에서도 그것들이 필요한데, 국내 출판사들은 해외에 그런 것들이 없기 때문에 해당 국가의 출판사에서 책을 출판하는 것입니다. 정말 특별하고 뚜렷한 목적이 없다면, 또는 국내에서 이미 베스트셀러가 된 도서가 아니라면 해외 출판은 그다지 추천드리지 않는데요. 그런 일들을 개인이 다 하시기에는 부담하셔야 할 비용이 너무 크기 때문입니다.

# 09
# 자비출판 시 출간비용 산정 기준

　자비출판 시 출간비용은 대개 초판인쇄부수, 원고의 분량(페이지 수), 책의 크기(판형), 본문이 컬러인지 흑백인지 여부 등을 기준으로 산정합니다. 그 외에 책날개 유무, 제본방식(중철제본, 무선제본, 양장본), 종이 종류, 종이 두께(80g, 100g, 120g, 210g, 250g 등), 면지 유무 등에 따라 달라지기도 합니다. 또한 표지에 박처리(은박, 금박, 비닐박), 형압 등 후가공을 하면 추가적으로 비용이 발생하는데요. 이 외에도 확인하셔야 할 것은 서점유통을 희망할 경우 도서 보관 및 유통 비용이 발생할 수 있기 때문에 출간계약서 체결 시 세부항목도 꼼꼼히 체크하시는 것이 좋습니다. 대부분의 자비출판사들은 도서 보관 및 유통

비용은 따로 받고 있지는 않으나 일부는 받기도 합니다. 그리고 자비출판사들은 이러한 각각의 비용을 견적서에 세부항목으로 나누어 알려주지 않고 책 한 권을 그냥 통으로 얼마 이런 식으로 총 출간비용을 작가님께 알려주는 식이 대부분입니다. 한편 자비출판을 하시는 분들 중에는 서점판매가 필요하지 않아 납품용 도서제작만 의뢰하시는 분들도 계시지만, 대부분 작가님들은 전국서점판매 목적으로 책을 펴내시고 있습니다.

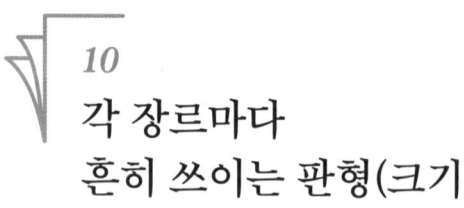

## 10
## 각 장르마다
## 흔히 쓰이는 판형(크기)

　작가님께서 책의 크기(판형)를 결정하는 경우가 있는데요. 물론 출판사는 이런 작가님의 의견을 존중해주고 반영해야 합니다. 하지만 거의 대부분은 해당 출판사가 작가님의 원고 내용과 장르에 맞게 알아서 정해줍니다. 이때 책의 크기 결정의 가장 좋은 방법은 관련 주제와 연관된 시중의 유사도서들이 어떤 크기로 만들어져 있는지를 대형서점에 들러 직접 확인해보는 것입니다. 일반적으로 소설, 수필, 자서전, 자기계발서, 여행에세이, 인문서, 교양서 같은 경우는 신국판형(225*152mm), 시집은 46판형(128*188mm)이나 변형판형(135*210mm), 논문집, 보고서, 문제집 같은 장르는 국배판형(210*297mm)이나 46배판형

(188*257mm), 사진집 같은 것은 크라운판(167*236mm) 등으로 책의 판형을 선택하실 수 있습니다.

## 책의 판형(크기)

| 종이 종류 | 판형 | 설명 | 절수 | 사이즈 |
|---|---|---|---|---|
| 국전지 | 국반판 | 신국판의 반 | 전지 1장당 64Page | 105*148 |
|  | 국판 |  | 전지 1장당 32Page | 148*210 |
|  | 신국판 |  | 전지 1장당 32Page | 152*225 |
|  | 국배판 | 국판의 배 | 전지 1장당 16Page | 210*297 |
| 46전지 | 46반판 | 46판의 반 | 전지 1장당 28Page | 90*118 |
|  | 46판 | 46배판의 반 | 전지 1장당 64Page | 127*188 |
|  | 46배판 | B5 | 전지 1장당 32Page | 188*257 |
|  | 46배 변형판 | 46배판에서 변형 | 전지 1장당 32Page |  |
| 대국전지 | 크라운판 |  | 전지 1장당 32Page | 176*248 |
|  | 크라운 변형판 |  | 전지 1장당 32Page | 크라운에서 변형 |

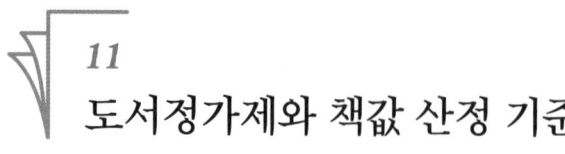
## 11
# 도서정가제와 책값 산정 기준

　우리나라는 오래전부터 도서정가제를 시행하고 있습니다. 그리고 한 번 책값이 정해지면 나중에 바꿀 수가 없습니다. 한편 온라인 서점의 경우에는 독자들이 책구매 시 책값의 10%를 할인받을 수 있는데요. 그 밑으로 할인해서 싸게 팔면 도서정가제 위반으로 법적 처벌을 받습니다. 그만큼 책의 정가를 정하는 일은 중요하며, 출판사의 손익분기점은 물론 작가인세와 시장상황까지 복합적으로 고려해야 합니다. 가장 먼저 원가의 개념을 잘 이해하셔야 하는데요. 원가는 재화나 용역을 생산하기 위해 희생한 자원을 금액으로 나타낸 것을 말하며, 출판사 입장에서는 기획에서부터 편집, 디자인, 제작, 마케팅, 서점유통에 이르기까지 소요되는 모든 재화를 기준으로 정합니다. 이 밖에도 경쟁도서의 가격을 고려하여 시장에서 이미 형성돼 있는 책값을 기준으로 산정하거나 쪽당 원가를 계산하여 정가로 산정하기도 합니다.

　책값 결정권은 출판사에 있지만, 때로는 작가님들의 요구에 의해 정해지기도 합니다. 특히 자비출판에서는요. 대부분 원가는 초판에 집중적으로 적용되므로 판매력을 초기에 집중하여 재판인쇄 이후의 채산성을 높이는 전략을 많이 구사하고요. 이는 일반 단행본이나 베스트셀러에서 많이 사용하는 전략이며, 이때는 시장의 가격저항선을 고려하여 결론적으로 저렴하고 부담 없는 가격을 책정하는 것이 판매 측면에서 좋습니다.

# 12
# 우리나라 온라인 서점과 오프라인 서점들

　여러분의 책이 우리나라 교보문고, 영풍문고, 예스24, 알라딘 등 대형 온/오프라인 서점에 판매된다는 것은 분명 설레고 기분 좋은 일일 것입니다. 그래서 자비출판 계약 시 출판사의 서점유통망을 꼼꼼히 보셔야 하는데요. 해당 출판사가 온/오프라인 대형서점들과 직거래를 하고 있는지 여부를요. 온라인 서점의 경우 교보문고, 영풍문고, 예스24, 알라딘, 리딩락(영풍문고), 리디북스 정도에만 유통이 돼도 좋다고 할 수 있는데요. 이 외의 나머지 중소 온라인 서점들은 판매량이 현실적으로 아주 적기 때문입니다.

한편 오프라인 대형서점으로는 크게 교보문고와 영풍문고가 있습니다. 이런 대형서점들은 신간 입고부수를 정해 놓아서 출판사에서는 정해진 부수만 보낼 수 있는데요. 교보문고와 영풍문고 모두 10부입니다. 그러다 보니 일부 지점에만 책이 깔리게 되는 것입니다. 만약 출판사에서 정해진 입고부수보다 더 많은 책을 보내게 되면 모두 반품으로 다시 돌아오게 됩니다.

작가님들 중에는 이보다 더 많은 중소 오프라인 서점들에도 책이 깔리게 되면 판매량이 많을 것으로 생각하시지만 실제적으로 판매와 유통은 별개의 문제입니다. 오히려 곳곳의 동네서점이나 각 지역 중소서점에서는 판매가 많이 발생하지 않기 때문에 이것이 나중에는 출판사에 반품으로 돌아와 골칫거리가 됩니다. 그중에는 파손된 책들도 있을 수 있고요. 또한 한 번 반품으로 돌아온 책은 다시 재생해서 서점에 내놓게 되는데, 여기에는 또 재생비용도 발생합니다.

이때 재생이란 책의 위아래 면과 오른쪽 면 1~2mm를 기계로 잘라내서 외관상 새 책처럼 보이게 하는 작업을 말합니다. 그래서 대부분의 출판사들은 이러한 중소 오프라인 서점과는 직거래가 아닌 현매거래를 통해 책을 공급하고 있는데요. 여기서 현매거래란 중소서점에서 팩스로 주문이 오면 출판사는 그날 책을 출고하고, 해당 중소서점은 그 책값을 주문할 때마다 바로바로 입금하는 것을 말합니다. 참고로 각 지역총판의 현매거래 공급율은 책정가의 65%이며, 이는 오프라인 대형서점과 같습니다. 반면 우리나라 모든 온라인 서점의 공급율은 책정가의 60%인데요. 작가님 입장에서는 서점공급율을 온라인과 오프라인으로 나누어서 복잡하게 생각하실 필요 없이 평균 잡아서 책정가의 60%라고 보셔도 무방합니다.

## 13
## 작가증정부수와
## 초판인쇄부수의 상관관계

'작가증정본'이란 책이 인쇄되어 나오고 나서, 그중에서 출판사가 작가님에게 무료로 주는 책을 말합니다. 대개는 출판유통을 전제로 출판할 경우 제작된 책의 10% 정도를 작가님에게 증정하는데요. 즉 500부를 인쇄하면 그중 50부만 주는 출판사들이 많으며, 어떤 출판사는 200부까지 작가증정본으로 주는 경우도 있습니다. 이 외에 나머지 책 300부는 출판사의 물류센터로 보내게 됩니다.

따라서 초기에 서점유통을 전제로 책을 제작하실 경우 작가님께서는 꼭 필요한 책의 수량을 사전에 확인하시고, 이를 출판사와 출간계약 시 협의하셔서서 초판인쇄부수를 정하는 것이 나은데요. 왜냐하면 한 번 작가증정본을 받으신 이후에 시간이 지나 책이 더 필요하신 경우 그 수량만큼 해당 출판사에서 구매하셔야 하기 때문입니다. 예를 들어 작가님께서 400부의 작가증정본이 필요하시다면 출판사에서 초판인쇄부수 500부를 찍을 것을, 원래 작가증정부수 50부보다 추가된 350부를 더하여 초판인쇄부수 850부를 인쇄하는 식인데요. 이래야 작가님께서는 불필요한 비용 낭비를 막을 수 있습니다.

*14*
# 작가인세와 실시간 판매현황 공유

 기획출판은 앞서도 이야기했지만 작가인세의 경우 판매된 책정가의 10% 내외입니다. 반면에 자비출판 방식으로 책을 펴내서 서점에 유통할 경우에는 일반적으로 판매된 책정가의 30~55% 정도입니다. 분명 기획출판보다는 자비출판이 작가인세가 높으며, 이는 자비출판사마다 조금씩 차이가 있습니다. 이처럼 출판사마다 작가인세가 다른 이유는 출간비용 이외에 세부적인 비용의 항목을 어떻게 처리하느냐에 따라 달라지는데요. 작가인세의 경우 작가님과 출판사 간에 돈이 오고 가는 문제이기 때문에 출간계약 시 꼼꼼히 확인하셔야 합니다. 또한 작가인세와 관련해서 출간계약 시 확인하셔야 할 것이 있는데요. 해당 출판사에서 도서의 실시간 판매현황 자료를 작가님과 공유하는지 여부입니다. 왜냐하면 실시간 판매현황 자료를 보고서 작가님 혼자서도 작가인세를 계산하실 수 있으니까요.

작가인세의 지불방식에 대해서도 출간계약서를 체결할 때 꼼꼼히 확인하셔야 하는데요. 이를 두루뭉술하게 넘어가는 출판사와는 되도록 계약을 안 하시는 것이 바람직합니다. 구체적이고 명확하게 계약서에 지급날짜가 명시되어 있어야 향후 해당 출판사와 작가님 간의 분쟁을 사전에 막을 수 있습니다.

참고로 우리나라 대형서점의 결제방식은 매달 1일부터 말일까지 판매된 금액을 다음 달에 출판사로 정해진 날짜에 입금해줍니다. 즉 오프라인 서점에서 판매된 종이책 판매대금은 교보문고와 영풍문고 모두 매달 10일 날 입금되며, 온라인 서점의 종이책 판매대금 입금은 예스24의 경우 매달 15일로 정해져 있습니다. 그리고 알라딘과 영풍문고는 20일날 입금되는데요. 반면에 전자책(E-book)의 경우에는 교보문고, 알라딘, 예스24, 리딩락

(영풍문고), 리디북스 등 모두 매달 25일날 입금됩니다. 만일 정해진 날이 휴일이라면 그 바로 다음 평일에 입금되지만 yes24의 경우는 그 전날 입금되고요. 추가로 현매 거래를 하는 각 지역총판들은 주문 온 그날 또는 그 다음 날까지는 출판사로 입금해줍니다.

## 15
# 계약 기간은 책의 생명 기간?

    작가님께서 출판사와 계약을 하실 때 도서의 계약 기간은 어느 정도가 좋을까요? 여기서 말하는 '도서의 계약 기간'이란 다른 것을 말하는 것이 아니라 책의 서점유통 기간을 말합니다. 대부분의 출판사에서는 도서의 계약 기간을 2년으로 하고 있지만 일부 출판사에서는 계약 기간을 1년으로 하는 경우도 더러 있는데요. 작가님 입장에서는 계약 기간이 왜 중요할까라고 생각하실 수도 있습니다. 예를 들면, 어떤 작가님은 계약 기간을 1년만 짧게 원하시는 분들도 계십니다. 이런 분들은 대개 서점유통 후 1년 뒤의 도서 상황을 봐서 도서의 판매가 좋으면 더 높은 작가인세나 기타 개인적인 이유로 타 출판사에서 재출간을 하기 위해서인데요.

　이렇게 한 번 생각해보세요. 계약 기간이 끝나면 책은 어떻게 될까요? 절판하게 됩니다. 절판이란 책의 유통을 끝내는 것인데요. 작가님의 소중한 책이 겨우 1~2년만 서점에 유통되고 판매를 중지한다면 아깝지 않겠어요? 대부분의 초보 작가님들은 계약 기간이 짧으면 짧을수록 좋다고 잘못 생각하십니다. 계약 기간은 길면 길수록 좋습니다. 그래서 보통 도서의 계약 기간을 1년이나 2년으로 정하고 나서 차후에 연장하는 경우가 대부분입니다. 즉 계약 기간을 책의 생명 기간이라고 보셔도 좋을 듯합니다.

## *16*
## 출간비용 이외의 부당한 추가비용

과연 출판사 선택 시 체크사항에는 무엇이 있을까요? 우선 관심 있는 출판사의 홈페이지에 들어가셔서 그동안 출간된 책들을 살펴보는 것입니다. 그리고 표지 디자인이나 편집은 잘하고 있는가를 체크해보셔야 하는데요. 현실적으로 이런 것들을 알기 위해 책들을 직접 사서 본다는 것은 작가님 입장에서 부담되는 일일 것입니다. 이럴 때는 먼저 표지 디자인부터 쭉 눈여겨보시면 좋습니다. 자비출판에서는 사실 출판사의 의도와는 벗어나 해당 작가님의 의지에 의해 표지 디자인이 결정되는 경우도 다반사입니다. 그러니 가끔 촌스러운 책표지가 보이더라도 그 출판사의 디자인 능력을 과소평가하지 말아주

셨으면 하는데요. 이때는 전체적으로 여러 책들을 봤을 때 좋은 표지가 많으면 디자인 능력은 입증된 셈이라고 볼 수 있습니다. 여기서 문제는 편집능력을 체크해야 하는데요. 이는 굳이 책을 안 사더라도 그 출판사에서 해당 책들에 써놓은 책소개나 서평 등을 읽어보시면 어느 정도 짐작할 수 있습니다. 왜냐하면 이러한 글들은 그 책을 편집한 사람이 직접 쓴 글이기 때문입니다.

이 외에도 책을 제작하는 능력, 책을 서점유통하고 마케팅하는 능력, 회사의 규모, 몇 년차 출판사인가 등을 확인해보는 것도 중요한데요. 특히 편집과 디자인, 인쇄, 서점유통까지 원스탑으로 운영하는 출판사가 좋은 출판사라고 할 수 있습니다. 그래야 작가님의 요구사항도 쉽게 반영되고, 책의 제작원가도 절감될 수 있기 때문인데요. 또한 이후에 책의 추가제작 및 계약종료 후 마무리도 깔끔하게 진행됩니다. 무엇보다 조삼모사로 처음 제시하는 너무 저렴한 출간비용을 믿고 그 출판사와 계약서를 작성하게 되면 세부항목에서 나중에 추가비용을 요구하는 출판사들도 간혹 있기 때문에 이럴 때는 출간계약 시 출판사 상담 담당자에게 꼭 이렇게 물어보세요.

"이 출간비용 말고 향후에 추가비용이 발생할 수 있는 것들에는 어떤 것들이 있나요?"

출판사가 하는 일은 반복해서 책을 만드는 일입니다. 그러다 보니 작가님 입장에서는 출판사가 추가비용을 예측하기 어려울 것 같지만 출판사는 향후 발생할 수 있는 추가비용을 이미 다 알고 있다고 말씀드립니다. 여기서 하고 싶은 이야기는 처음 출간계약 시 출간비용 이외에 사전에 인지하시지 못한 부당한 추가비용을 막자는 것입니다.

## 17
# 기획출판사에 원고투고는 희망고문

 무명작가이거나 일반인이 기획출판만 하는 출판사에 원고와 출간기획서를 메일로 보내도 대부분 답장이 없거나 안 된다는 부정적인 답변만 받게 되실 것입니다. 이게 출판계의 현실인데요. 그래도 이렇게 답변을 해주는 출판사는 매우 친절한 출판사라 보시면 됩니다. 요즘 유튜브에서 책출간 관련 영상들을 보면 꼭 누구나 될 것처럼 기획출판사에 원고투고를 권유하는 영상들을 볼 수 있는데요. 희망고문이란 말씀을 드립니다. 너무 현실과 동떨어진 내용입니다. 하지만 정말 아주 극소수는 원고투고로 기획출판을 할 수도 있겠지요. 이렇게 기획출판이 안 될 경우의 대안은 바로 자비출판 방식인데요. 자비출판으로 책을 출간하려면 중견 출판사도 좋지만 막 떠오르는 신규 출판사도 나쁘지 않다고 봅니다.

한편 자비출판은 작가님이 출간비용을 부담하는 방식이기 때문에 원고를 메일로 보낼 시 원고 일부만 보내시는 작가님도 계시는데요. 해당 출판사에서는 총 출간비용을 산출해야 하고, 그러기 위해서는 직접 전체 원고를 봐야 합니다. 즉 자비출판 시에는 전체 원고를 보내셔야 하는데요. 작가님 입장에서는 원고가 세상에 누출될까봐 걱정하시는 분들도 계시지만 정말 그런 걱정은 안 하셔도 된다고 감히 말씀드립니다. 창작물의 저작권은 이미 작가님께서 그 글을 쓴 순간부터 발생했기 때문에 만일 누군가 작가님의 원고를 도용한다고 해도 저작권 소송으로 보상받으실 수 있습니다. 하지만 그렇게 도용하는 일은 현실에서는 거의 없다고 보셔도 무방합니다.

## 18
# 전자책보다 높은 종이책 판매량

   전자책(E-book) 시장이 커지고 있는 추세라 종이책보다 전자책을 먼저 출간하는 것도 하나의 방법이라고 생각하시는 작가님들이 요즘 많이들 계시는데요. 일단 비용이 적게 들어가기 때문인 것 같습니다. 하지만 현실적으로 전자책 판매량은 종이책 판매량에 비해 크게 저조합니다. 이게 만져지는 것이 아니다 보니까 책을 낸 느낌도 받기 어려울 것입니다. 10년 전, 아니 그보다 더 오래전부터도 종이책은 이제 사라지고 전자책 세상이 올 것이라고 각종 뉴스매체에서 떠들었습니다. 하지만 전자책 시장은 판매량 측면에서 아직까지도 부정적입니다.

왜 그럴까요? 현대인들이 정보의 홍수 속에서 살아가기 때문입니다. 재밌는 유튜브 영상이나 인스타 숏폼 등 볼것이 세상천지에 너무나 많습니다. 이런 와중에 누가 전자책을 작은 화면의 핸드폰으로 장시간 보려고 할까요? 바쁜 와중에요. 물론 일부는 보겠지요. 이게 바로 전자책의 한계입니다. 지금 가장 이상적인 출판은 종이책과 동시에 전자책을 펴내는 것인데요. 대부분의 자비출판사들이 현재 그렇게 운영되고 있습니다. 한편 이런 경우도 있습니다. 작가님께서 전자책을 먼저 내신 후에 일정 기간이 지나서 종이책으로 펴낸다거나, 아니면 종이책을 펴낸 후에 일정 기간이 지나서 출판사를 바꿔 같은 책을 재출간하는 것인데요. 특별한 목적이 없는 한 이중으로 출간비용이 발생하기 때문에 정말 추천드리지 않습니다.

## 19
# 기획출판도 병행하는 자비출판사들

 가끔씩 작가님들에게서 받는 질문이 있는데요. 대형 서점의 직원들이 출판사에서 들어온 신간도서를 보고 이 책이 자비출판된 책인지, 기획출판된 책인지 알 수 있느냐는 질문입니다. 결론적으로는 이를 구분할 방법이 없습니다. 그렇다고 책의 표지에 자비출판된 책이라고 써놓지도 않을 뿐더러 우리나라에는 4만여 개가 넘는 수많은 출판사들이 있는데요. 이들 출판사들은 대형 출판사를 제외하고는 자비출판과 기획출판을 모두 병행합니다. 즉, 자비출판사라고 해서 자비출판만 하는 것이 아니라 가끔은 기획출판도 한다는 이야기인데요. 사실 출판사 입장에서는 자비출판 백 번 하는 것보다 기획출판으로 한 권 베스트셀러가 되는 것이 수익면에서 월등히 나을 뿐더러 백 권의 책을 만드는 수고도 덜기 때문에 간간이 기획출판도 이처럼 병행하는 것입니다. 그래서 서점에서 구분하기가 힘든 이유고요.

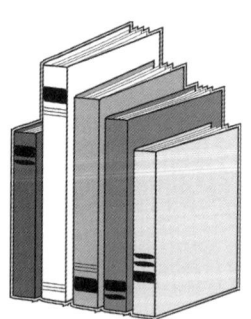

# 20
# 저작권과 2차편집저작권의 이해

한 출판사에서 펴낸 책을 다른 출판사에서 다시 펴내려고 하는데, 이때 기존 책의 표지와 본문을 그대로 쓸 수 있느냐는 질문을 받은 기억이 납니다. 결론부터 말씀드리면 해당 출판사와 협의하시어 허락하면 사용 가능합니다. 왜 출판사와 협의를 해야 하냐면요. 그 책의 표지와 본문 인디자인 작업자료를 출판사가 보관하고 있기 때문입니다. 보통 작가님께서 책을 내시게 되면 출판사에서는 그 책의 인디자인 작업파일까지 주지는 않는데요. 그 이유는 저작권이 작가님께 있다면 2차편집저작권은 출판사가 갖고 있기 때문입니다.

대부분의 출판사들은 계약이 체결된 이후 책작업을 시작하고 나서 완성된 표지와 본문 작가검토본을 PDF 파일 형태로 작가님께 보내게 됩니다. 그러면 작가님께서는 그것을 컴퓨터에서 열어 확인을 하시는데요. 이때 PDF 파일은 수정을 하거나 인쇄할 때 쓰이는 파일이 아닙니다. 한마디로 확인용 파일이죠. 이를 법적으로 설명하자면, 우리가 흔히 말하는 저작권은 창작자에게 발생하는 법적 권리로서, 외주업체(출판사)가 제작한 저작물의 경우 별도의 사정이 없는 한 해당 외주업체(출판사)에 저작권이 발생합니다. 이 말은 앞서 이야기한 대로 2차편집저작권을 말하는 것인데요. 이때는 출판사와 계약 시 계약서상에 해당 저작물에 대한 권리이전 내용을 명시하여 2차편집저작권을 작가님께 귀속시킬 수 있습니다. 따라서 저작권 귀속에 관한 특약이나 다른 반증이 없는 한, 위탁계약에 의한 결과물의 저작자는 직접 창작행위를 한 외주업체(출판사)가 될 것이고, 의뢰자(작가님)는 계약 범위 내에서 저작물을 사용할 권리만 가진다고 해석함이 바람직합니다.

## 21
# 독립출판보다 더 나은 자비출판

요즘 자비출판 말고 독립출판을 하시는 작가님들도 계시는데요. 독립출판의 장점이라고 한다면 작가님이 직접 출판사를 차리고 모든 일을 진행하시기에 중간단계인 자비출판사를 통해 서점에 책을 유통하는 것보다 도서판매 수익률이 높기는 합니다. 그리고 자신의 출판사를 소유한 것이기에 다른 사회활동과 연계하기 좋을 수 있고요. 또한 책 만드는 비용도 자비출판보다 덜 들 수 있겠습니다. 하지만 출판과정에서 발품을 팔아 책의 기획, 편집, 디자인, 인쇄, 제본, 유통, 보관 및 창고관리를 혼자서 해야 한다고 봤을 때 소요되는 그 시간까지도 비용으로 본다면 오히려 자비출판사에서 책을 펴내시는 게 더 낫습니다.

 가장 큰 문제는 역시 관리인데요. 서점유통망도 스스로 개척하고, 매일 팩스로 들어오는 주문서를 처리하고, 서점에서 주문 온 책을 택배로 보내는 일도 만만치 않습니다. 이 외에도 매년 세무신고를 해야 하고, 정말 해야 할 게 한두 가지가 아닙니다. 쉽게 말해서 회사 하나를 운영하는 개념으로 보시면 될 듯싶은데요. 물론 독립출판으로 성공한 사례도 분명 있습니다. 이건 정말 극소수인데요. 하지만 되도록 권해드리고 싶지 않습니다.

## 22
## 200자 원고지 기준 200페이지가 나오려면?

대형서점가에 나온 책들을 보면 평균적으로 200페이지 내외가 가장 많습니다. 어떤 작가님께서 이 정도면 글자 수가 얼마나 되는지 문의하신 적이 있어서 이참에 상세하게 알려드리겠습니다. 우선 책의 판형(크기)을 먼저 알아봐야 하는데요. 보통 신국판형(152*225mm)을 기준으로 했을 때 실제 책의 페이지 수 200페이지가 나오려면 200자 원고지 기준 600~700매가 적당하다고 할 수 있습니다. 즉 원고지 3.3매가 한 페이지라고 보시면 되는데요. 그리고 원고지 기준 글자 수는 13만 자 이상이어야 180~200페이지 분량의 책이 나옵니다. 참고로 원고작성 시 파워포인트에 쓰시는 분들도 더러 계십니다. 되도록

이면 한글이나 워드 파일로 작업을 하시는 것이 나중에 출판사 편집자들이 작업하는 데 편리하다는 점도 알아두시면 좋을 것 같습니다.

# 23
# 시집은 모두 자비출판이다?

　우리나라에는 시집만 전문으로 펴내는 출판사도 있고, 소설이나 인문학 도서를 중심으로 펴내는 출판사도 있고, 음악이나 미술과 같이 예술도서를 주로 펴내는 출판사 등도 있습니다. 하지만 이처럼 한 장르만 전문적으로 펴내는 출판사는 드물고요. 대부분의 출판사들은 종합출판사의 성격을 띠며 다양한 장르의 책을 펴내고 있습니다. 왜냐하면 결국 출판사도 이윤을 추구하는 회사로서 한 장르만 출판한다는 것은 도서판매 수익면에서 그 제약이 너무 크기 때문인데요. 또한 한 장르만 전문적으로 펴내는 곳은 대부분 기획출판사일 확률이 높습니다. 앞서 이야기한 대로 기획출판의 장벽은 너무나 높고요.

지명도가 있는 유명시인이거나 사회적으로 작가님께서 화제가 되어 시집판매가 확실한 경우가 아니라면 여러분께 기획출판보다 자비출판을 권해드립니다. 이는 작가님께서 기획출판으로 시집을 내려고 원고투고를 하다 보면 시간낭비만 하실 수도 있기 때문인데요. 특히 시집은 우리나라에서 출간되는 90% 이상이 자비출판 방식으로 나온 책이라고 봐도 과언이 아닐 것입니다. 왜냐하면 시집 장르가 서점가에서 가장 판매가 잘 안 되는 장르이기 때문인데요. 출판사 입장에서 보면 수익을 내기가 어렵기 때문에 기획출판 방식으로 펴내기가 어려운 이유입니다. 보통 시집 한 권의 자비출판 시 출간비용은 500부 인쇄 기준으로 150~250만 원 정도면 충분히 만드실 수 있습니다.

## 24
# 일반 청소년에게 기획출판은 하늘에 별따기

갈수록 청소년들의 책출간에 대한 관심이 커지고 있습니다. 하지만 아직 학생 신분이라면 좀 더 갈고 닦아 성인이 돼서 책을 내시는 것이 나을 듯한데요. 왜냐하면 일반 학생에게 기획출판을 해주는 출판사는 우리나라에선 없다고 보여지며, 결국 자비출판 방식으로 해야 되는데요. 이럴 경우 출간비용이 수백만 원이나 들기 때문에 감당하기 힘들 것입니다. 그렇다고 작가의 꿈을 포기하라는 이야기는 절대 아닙니다. 성인이 돼서 떳떳하게 자신이 번 돈으로 출간했으면 하는 바람입니다. 누구나 첫 작품을 쓸 때는 아마추어이기 때문에 좋은 작품이 나오기 힘든데요. 다만 학생의 원고가 작품성이 뛰어나서 서점가에서 많이 팔릴 가능성이 보인다면 출판사 입장에서는 기획출판을 해주기도 하겠지만 이건 정말 극소수일 것 같습니다.

# 25
# 자비출판의 전 과정을 한눈에 보기

일반적으로 자비출판 과정은 다음과 같은 순서로 진행됩니다.

**❶ 작가님의 출판문의**

해당 출판사에 메일이나 전화로 출간문의를 하시면 출판사는 출간비용부터 출간조건까지 자세히 설명드릴 것입니다. 이때 출간조건의 경우 출판사 홈페이지에 방문하시면 자세한 내용을 볼 수 있는데요. 특히 자비출판 방식의 출간문의 시에는 해당 출판사가 견적을 낼 수 있도록 원고 일부만 보내줄 것이 아니라 원고 전체를 보내주어야 합니다. 자비출판 특성상 아직 완성도 안 된 원고로 출간문의를 주시면 견적도 낼 수 없을 뿐더러 상담 자체가 제대로 이루어지지 않을 거니까요.

### ❷ 출판사와 계약서 작성

출판사에서 안내받은 출간비용이나 출간조건이 모두 괜찮다 싶으시면 해당 출판사와 계약을 체결합니다. 이때는 출간계약서에 명시된 사항들 중 출판사에서 처음에 상담을 통해 안내받았던 내용들이 모두 포함되어 있는지 눈여겨보셔야 합니다. 그러고 나서 평소에 생각했던 조건들이 있다면 출판사와 협의하여 출간계약서에 추가하시면 됩니다. 이런 일련의 계약서 작성은 출판사에 직접 방문해서 체결하는 경우가 있으며, 등기우편으로 출판사가 계약서 2부를 보내면 그중 한 부는 작가님께서 보관하시고, 나머지 한 부는 서명을 하신 후 출판사로 다시 보내는 방법이 있습니다. 만약 출판사 근처에 거주하고 계신다면 출판사 방문을 추천드립니다. 반면에 출판사와는 거리가 먼 지방에 거주하신다면 등기우편이나 메일로 계약하시는 방법을 추천드리고요. 요즘은 굳이 출판사에 굳이 방문하지 않더라도 책을 내는 것에는 전혀 지장이 없기 때문에 메일로 계약서를 주고받는 방식도 많이 쓰입니다.

### ❸ 도서의 출판기획

작가님과 출판사 간에 계약이 체결되었다는 것은 이미 산을 반은 넘었다는 이야기와 같습니다. 이제부터 출판사는 작가님의 원고를 어떻게 만들 것인지 책의 기획회의부터 시작합니다. 이때 작가님의 의견을 바탕으로 더욱 좋은 책이 만들어질 수 있도록 컨셉과 방향, 편집 및 디자인에 대한 전반적인 기획을 실시합니다.

### ❹ 디자인 및 편집

책의 기획이 끝나면 거기서 정한 방향으로 표지 디자인 작업을 진행하고, 한편으로는 편집부에서 원고의 교정교열에 들어갑니다. 즉 동시에 진행된다고 볼 수 있죠. 대부분의 작가님들은 책이 한 달 안에 나온다고 생각하시는데, 보통 자비출판 방식에서는 한 권의 책을 만드는데 40~50일 정도 소요됩니다. 반면에 기획출판은 더 오랜 작업 기간이 소요되고요.

### ❺ 작가검토본 전달

표지와 본문 디자인과 편집을 마친 후 출판사에서는 작가님께 작가검토본을 PDF 형식으로 보내드립니다. 여기서 말하는 작가검토본이란 출판사에서는 더 이상 작업할 것이 없다고 판단할 때 작가님께 보내드리는 것으로써, 이를 받아보신 후에는 꼼꼼히 검토하시는 시간을 가지시면 됩니다. 이때 표지나 본문 중 마음에 안 드시거나 잘못된 부분이 있으시면 한글이나 워드 파일에 페이지 순서대로 알아보기 쉽게 정리해서 출판사에 수정사항을 보내주시면 되는데요. 그러면 출판사에서는 작가님의 수정사항을 반영한 후 다시 작가님께 표지와 본문 수정본을 보내드립니다.

이러한 과정을 3~4번 하다가 더 이상 작가님께서 수정할 부분이 없다고 판단되시면 출판사에 OK(인쇄승인) 사인을 주시는데요. 그럼 바로 인쇄에 들어가게 됩니다. 즉, 책이 인쇄에 들어가는 시점은 출판사가 정하는 것이 아니라 작가님께서 정하는 것인데요. 거의 모든 출판사에서 이러한 방식으로 인쇄를 진행합니다.

## ❻ 인쇄제작 시작

우리나라에서 극히 일부 대형 출판사들을 제외하곤 출판사 자체적으로 인쇄소를 가지고 있는 곳은 없다고 보시면 됩니다. 그래서 출판사들은 평소 거래하는 전문인쇄소에 인쇄작업을 맡겨서 진행하고 있는데요. 보통 인쇄제작 기간은 500부 인쇄를 기준으로 했을 때 10일 내외가 소요됩니다. 하지만 작가님께서 책을 받는 데 걸리는 기간은 인쇄소에서 출판사 물류창고로 책을 보내는 시간과 출판사에서 작가님께 택배로 보내는 시간까지 합쳐서 보름 정도 걸린다고 봐주시면 됩니다.

## ❼ 전국서점유통

인쇄가 완료되면 앞서 이야기한 대로 작가증정본을 작가님께 보내드리고, 국립중앙도서관과 국회도서관에 각각 2권씩 총 4부를 대한출판문화협회에 납본하게 됩니다. 납본이란 법적으로 출판사의 의무이기 때문에 출간되는 모든 책들을 보내게 되어 있으며, 그곳에서 보관되는데요. 또한 프로모션을 위해 언론사 및 홍보업체들에게 보내지기도 합니다. 그리고 나서 각 대형서점에 유통을 하게 되는데요. 이때 온라인 서점인 교보문고, 영풍문고, 예스24, 알라딘 등에 메일로 보도자료를 보내며, 각 서점에서는 당일 또는 다음날에는 온라인 서점에서 독자들의 구입이 가능하도록 구매창을 만들어줍니다. 한편으로 종이책의 경우에는 교보문고, 영풍문고 등 본사 물류창고로 신간출고를 하며, 이때 서점에서 책이 깔리는 기간은 4~5일 정도 소요되는데요. 왜냐하면 출판사에서 책을 교보 물류센터로 보내는 시간과 또 교보문고에서 각 지점으로 보내는 시간이 소요되기 때문입니다.

참고로 온라인 서점에서 책을 판매하는 방식에는 두 가지가 있습니다. 첫 번째는 앞서 이야기한 대로 책의 인쇄가 끝나고 나서 보도자료를 보내 구매창을 만드는 방법이고요. 두 번째 방법은 책이 나오기 한 달 전이라도 온라인 서점에 미리 보도자료를 보내어 사전예약판매를 진행하는 것입니다. 그러면 온라인 서점에서는 구매창을 미리 만들어 놓고 발행일날 배송해준다고 하면서 독자들이 사전에 결제를 해 예약해 놓을 수 있게 해줍니다. 이때 주의할 점은 온라인 서점과 약속한 발행일자를 지켜야 한다는 것인데요. 만일 지켜지지 않는다면 독자들은 약속된 날짜에 책을 받아볼 수 없기 때문에 서점 측 입장에서도 곤란한 일이 아닐 수 없습니다. 이러한 사전예약 판매는 특별한 목적이 없는 한 그리 흔하게 하는 판매방식은 아닙니다.

## 26
# 우리나라의 매우 열악한 출판 환경

　일생을 걸고 정말 모든 것을 희생해가면서 '공부법' 하나만 연구하신 작가님이 계십니다. 그분께서는 드디어 완성된 원고를 가지고 책출간을 결심하셨습니다. 그래서 메일로 기획출판사 서너 군데에 투고해보았지만 이미 두 군데서 퇴짜를 맞았다고 하네요. 아마도 상식과 배치되는 내용이 90% 이상 차지하는 지나치게 진보적인 원고의 내용이 원인인 것 같습니다만, 그분은 여전히 기획출판으로 책을 내고 싶어 하십니다. 하지만 우리나라 대부분의 출판사들은 매우 열악한 환경 속에서 일을 하고 있습니다. 이런 현실이다 보니 출판사에서 모든 경비를 부담하는 기획출판은 우리나라에서 아주 유명한 사람이 아니면, 그리고 그 책을 출간해 충분히 경제성이 보장된다고 확신하지 못한다면 하지 않습니다. 왜냐하면 책을 내는 데는 오랜 시간을 편집과 교정에 매달려야 하고, 표지를 만들고, 인쇄소를 통해 인쇄를 맡기고, 다시 책을 제본하는 과정까지 상당히 많은 시간을 매달려야 하기 때문인데요. 이분처럼 자신의 일생을 걸고 본인은 '공부법'을 연구했다고 하지만, 이미 두 곳에서 출판을 거절당하셨다면 방법은 이제 자비출판 방식으로 책을 펴내는 방법밖에 없습니다.

제2부

# 책편집과 표지 디자인

# 01
# 무료 이미지 사이트, 픽사베이

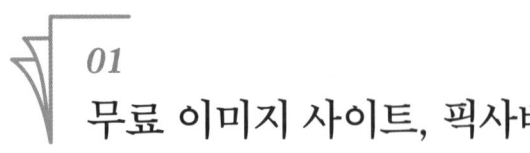

　만약 작가님께서 개인 소장용으로 책을 수십 권 만들어서 지인들에게 나눠주실 거라면 책 속에 들어가는 삽화나 이미지는 주변에 그림 잘 그리는 지인에게 부탁해서 넣어도 상관없을 것입니다. 하지만 전국의 대형서점 판매용 도서를 만드실 때는 책에 들어가는 삽화나 이미지 제작도 출판사에 의뢰하는 것이 좋습니다. 보통 보면 작가님께서 직접 그려서 오시는 경우도 있는데요. 판매용 도서에 들어가는 삽화나 이미지는 퀄리티가 어느 정도 높아야 합니다. 이때 삽화 한 컷당 가격이 매겨지고, 이는 삽화가의 컷 수준에 따라 가격이 달라지는데요. 인터넷에 떠도는 이미지를 무단으로 사용할 경우 나중에

저작권 문제가 발생할 수도 있으니 되도록 새로 그리시는 것이 좋습니다.

하지만 새로 그리지 않고도 삽화나 이미지 및 사진을 넣을 수 있는 방법이 하나 있습니다. 바로 무료 이미지 사이트를 이용하는 것인데요. 대표적으로는 '픽사베이'가 있습니다. 이곳에서는 유료와 무료 이미지가 있으며, 무료 이미지도 퀄리티 높은 삽화나 이미지, 사진 등이 수백만 장이 있는데요. 정말 본문의 내용을 디테일하게 표현한 삽화를 원하신다면 앞서 이야기한 대로 새로 그려야겠지만 내용과 비슷한 이미지를 원하신다면 무료로 이용하는 픽사베이 사이트를 적극 추천드립니다.

이는 우리나라 출판사들에서도 많이 이용되고 있는 사이트인데요. 원고 내용과 관련된 이미지를 픽사베이에서 찾아 몇 개 넣어 달라고 요청하시면 출판사에서도 서비스 차원에서 무료로 해줄 것입니다. 작가님께서 직접 픽사베이 사이트에 들어가셔서 필요한 이미지를 다운로드받으실 수도 있는데요. 다음이나 네이버 검색창에 '픽사베이'라고 치시면 맨 상단에 해당 사이트 주소가 뜹니다.

이때 클릭하셔서 픽사베이 검색창에 원하는 이미지와 관련된 키워드를 짧게 입력하시면 해당 이미지들이 펼쳐지는데요. 픽사베이 사이트 주소는 https://pixabay.com 입니다.

## 02
# 편집과 디자인의 디테일한 작업

　작가님께서 책을 출판하려면 먼저 책제목과 원고가 필요합니다. 어떤 독자를 대상으로 할 것인지, 어떤 장르의 책인지, 어떤 크기의 책인지, 페이지 수는 어느 정도인지를 대략 정해야 하고, 책편집과 디자인을 본인이 직접 할 것인지, 출판사에 맡길 것인지를 정하고, 자비출판 방식으로 출판사에 맡긴다면 출간비용을 마련해두어야 합니다. 여기서 출간비용은 어떤 책으로 만들어낼 것이냐에 따라 달라지며, 각 출판사들마다 출간비용 산정방식이 다릅니다.

　정식 출판물이 되자면 국립중앙도서관에 서지정보

(ISBN)를 등록하고, 책이 나온 후에는 각각 2부씩 국립중앙도서관과 국회도서관에 납본해야 합니다. 이건 출판사에서 해야 하는 업무이며, 여기서 납본은 법적으로 정해진 출판사의 의무이기도 한데요. 서지정보(ISBN) 번호 발급에는 따로 비용이 들지 않습니다. 사실 작가님께서 직접 하시기에는 디자인 작업이라든가 편집 그런 분야가 쉬운 일이 아닙니다. 물론 정말 간단하게 하자면 또 그렇게 할 수 있겠습니다만, 이런 부분은 출판사나 해당 전문가에게 맡기는 게 일반적입니다.

## 03
# 책제목이 정말 중요한 이유

    책제목은 작가님 스스로 정하시는 방법도 있지만 해당 출판사에 의뢰하는 것도 좋은 방법입니다. 보통 작가님께서 출판사에 책제목도 지어 달라고 요청하시면 그것에 대해 출판사에서 따로 추가비용을 받진 않거든요. 그리고 더 전문적이고요. 책제목이 정말 중요한 이유는 독자들이 책을 구입할 때 주로 책의 내용과 베스트셀러 여부 다음으로 책제목을 보기 때문입니다. '첫인상 5초의 법칙'처럼 독자들은 매우 짧은 순간에 책과 대면하고 난 후 호감과 비호감을 결정짓는데요. 그만큼 책제목 정하기는 고도의 집중력과 크리에이티브를 필요로 하는 작업입니다. 출판사 편집자들은 원고의 초교지부터 시작해서 수차례에 걸쳐 교정교열을 거듭하는 동안 원고의 내용에 몰입하기 때문에 책제목 짓기가 수월합니다. 좋은 책제목을 통해 독자들에게 책을 더 효과적으로 설명해주고, 표지 디자인을 통해서 독자들의 순간적인 시선을 사로잡을 수 있다면 이미 반은 성공한 책이라고 볼 수 있을 것입니다.

## 04
# 책구매와 연결된
# 책제목 정하는 공식

책제목의 중요성은 앞서 설명했듯이 이루 말할 수 없을 만큼 독자들의 책구매와 직접적으로 연결되어 있습니다. 이때 책제목을 정하는 기본적인 방법을 알려드리겠습니다. 우선 원고 내용 중에서 말하고자 하는 핵심 키워드를 뽑아 쭉 나열해봅니다. 그리고 나서 키워드 하나를 놓고 연관어를 찾는 방식도 있고, 여러 키워드를 하나로 이어보는 방법도 있습니다. 그런 다음, 인터넷 검색을 통해 그 키워드가 언론에서나 사회적으로 어떻게 사용되고 있는지를 조사해봅니다. 이중에서 대중들에게 전달력이 있거나 임팩트를 주는 키워드를 골라 책제목으로 정하는데요. 이때 생소한 단어들을 사용한 책제목보다는 누구든지 들었을 때 쉽게 인지할 수 있는 책제목이 유리합니다. 특히 교양서나 실용서, 자기계발서, 문학작품 등은 최신 트렌드에 맞는 키워드를 충실히 반영하는 것이 좋습니다.

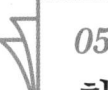

## 05
# 최근 책제목만큼 중요해진 부제목

 작가님께서 정하신 책제목을 한 번 온라인 서점인 교보문고, 영풍문고, 예스24, 알라딘 등의 검색창에 입력해 봅니다. 여기서 왜 네 군데 서점을 열거했느냐 하면, 실제적으로 우리나라 책 판매량의 80% 이상을 차지하는 주요 서점들이기 때문입니다. 이 외에도 수많은 중소서점들이 있지만 이런 곳에서는 그리 많이 판매되지 않는 것이 현실입니다. 그러고 나서 검색되는 유사 책제목의 책에서 그 책의 판매지수와 독자들이 단 리뷰를 보면 독자들의 반응을 어느 정도 예상할 수 있습니다. 이때 리뷰는 그 책의 구매창 하단에 위치하고 있습니다. 하지만 이러한 작업은 트렌드 분석 차원이지 그 책의 책제목을 모방하거나 지나치게 의식할 필요는 없습니다.

  최근에는 책제목만큼 부제목(부제)이 더 눈에 띄는 책도 많습니다. 이는 책제목과 부제목이 동시에 검색되는 온라인 서점의 검색 서비스 방식 때문인데요. 책제목에 담아내지 못한 메시지를 부제목에 담아 독자들에게 더 어필할 수가 있습니다. 이때 책제목과 부제목이 따로 놀면 산만해질 수 있으므로 각별히 신경 써야 하는데요. 특히 원고 내용과 연관된 책제목과 부제목이어야 한다는 것과 같은 단어가 책제목과 부제목에 동시에 들어가지 않게 해야 합니다. 추가적으로 말씀드리면 너무 개인적으로 정하지 마시고 독자 입장에서 정하시라고 조언드립니다. 말이 좀 애매한데요. 어떤 분들은 재미로 지으시는 분들도 계셔서요.

## 06
# 책제목에 따른 표지 디자인 작업

　너무 부정적이거나 무거운 책제목은 되도록 피해야 하는데요. 이는 책출간 후 판매결과가 좋지 않기 때문입니다. 긍정적이고 가치 지향적인 책제목이어야 독자들의 구매 욕구를 자극하는데요. 이때 질문형이나 반어형은 독자에게 위트 있고 신선한 느낌을 주게 됩니다. 또한 각 장르마다 책제목의 형태가 다르므로 장르에 걸맞은 제목을 정하시는 것도 중요합니다. 책제목을 정할 때 표지 디자인은 어떤 느낌으로 정할 것인지도 함께 고려하는 것이 좋습니다. 표지는 책의 얼굴이니까요.

## 07
# 독자에 대한
# 배려심까지 묻어나는 교정교열

교정(校正)이란 말 그대로 맞춤법이 틀린 글자나 빠진 글자, 문법에 맞지 않는 글자 등을 바로잡는 것을 말하며, 교열(校閱)이란 문장을 구성하고 있는 단어 하나하나를 따로 놓고 볼 경우 맞춤법에는 이상이 없지만, 주어와 술어가 맞지 않다거나 내용에 오류가 있다거나 지나치게 꼬여 있어서 이해하기 어려운 문장을 바로잡는 것을 말합니다. 즉, 거친 문장, 도대체 말이 되지 않는 문장, 통일되지 않은 표기, 적절하지 않은 표현, 어법에 맞지 않는 예들, 무엇보다도 명확한 비문, 그리고 심각하게는 오탈자 등을 말하는 것입니다.

독자들이 책을 읽었을 때 몰입하게 해주는 책이라면 편집이 잘 된 경우라 할 수 있겠는데요. 교정교열의 수준이야말로 책의 품격을 정하게 되며, 원고의 완성도, 공정의 정확함, 기본의 존중, 독자에 대한 배려심까지 거기서 드러나게 됩니다. 편집자는 작가님께서 책을 통해 말하고자 하는 내용을 독자들에게 온전히 전달되도록 문장의 구성요소와 뜻이 담기는 최소 단위까지 살펴 정확히 작업해야 할 것입니다.

# 08
# 건축물의 도면과 같은 존재, 목차

　작가님께서 원고를 쓰실 때는 먼저 목차를 정하는 것이 좋습니다. 목차는 건축물의 도면과 같은 존재로서 도면 없이 건물을 짓는 것은 말도 안 되는 것처럼 목차 없이 글을 쓴다는 것 또한 말이 안 된다고 볼 수 있는데요. 수필, 시집, 자서전 등은 마음 가는 대로 적어가면서 목차를 구성하면 되겠지만 일반적인 전문서나 소설, 역사서, 의학서, 공학서 등의 경우 목차를 먼저 잡아야 합니다.

　목차를 정할 때 가장 유의해야 할 점은 목차의 구성에 있어서 너무 많은 생각을 피하는 것입니다. 무엇을 쓸 것인가? 그리고 어떻게 쓸 것인가? 이런 것들을 하나씩 정리해 나가는 작업이 필요합니다. 가장 먼저 한글이나 워드 프로그램에 목차에 들어갈 적당한 내용들을 무조건 써봅니다. 그것이 단어일 수도 있고, 문장일 수도 있겠지요. 그런 다음 순서에 맞게 배치를 하고 나서 대분류와 중분류 그리고 소분류로 나누는 세부 작업을 합니다. 보통 큰 주제로 여러 개 나눈 후에 각 대단원 아래에 중단원이 들어가고, 또 그 중단원 아래에 소단원이 들어가는 식입니다.

# 09
# 최신 디자인 경향이 반영된 표지 디자인 작업

　우리나라의 서점가 전반에 걸쳐 책의 비주얼(표지)이 더욱 강조되고 있는 추세인데요. 특히 책에서 표지는 책 제목과 함께 독자들의 시선을 이끌어내는 주요한 요소입니다. 어떤 작가님은 초판을 500부 인쇄하여 판매를 시작했지만 1년이 지나서야 겨우 소진되어 이번에는 표지만 바꿔 개정판을 냈는데, 이전보다 매출이 크게 늘어났던 경험이 있었습니다. 그동안 독자들로부터 표지에 대한 지적을 계속 받고 있었던 터라 개정판에서는 이전보다 훨씬 세련되게 디자인을 한 결과였습니다.

　이처럼 분야별로 독자들의 니즈가 다르기 때문에 그에

걸맞은 디자인 콘셉트가 구현되어야 하는데요. 주요 독자층의 연령대, 성별, 기호를 고려한 상태에서 최신 디자인 경향이 반영되어 세련미를 갖추어야 할 것입니다. 타이포의 창의적 디자인, 안정감 있는 레이아웃, 그림이나 일러스트의 적절한 배치, 표 2, 표 4의 효율적인 배치와 마케팅적인 가치를 검토하여야 하는데요. 또한 각 대형 서점의 매대에 진열되었을 때 평대에서 타 도서의 색상에 비교우위를 가질 수 있도록 합니다.

## 10
## 앞표지와 뒤표지 그리고 띠지 검수

우리나라는 사계절의 날씨가 모두 다르듯이 계절별로도 독자들이 선호하는 색상이 있습니다. 교보문고 베스트 집계를 체크해보면 이를 쉽게 파악할 수 있는데요. 이처럼 계절별 출간 시기에 따라 표지 전체의 색상도 고려해야 합니다. 이와 함께 책을 둘러싸는 띠지는 도서 홍보 차원에서 접근해야 합니다. 한편 요즘 들어 띠지를 두고 독자들의 호불호가 있기는 하지만 출판사 입장에서는 표지에 모두 담아내지 못했던 메시지를 띠지라는 광고에 포함한다는 시각에서 접근하는데요. 천편일률적인 형식에 얽매인, 아무런 메시지가 없는 띠지가 아니라 비주얼로나 텍스트로도 독자들에게 호소력 있게 전달될 수 있도록 디자인 작업이 이루어져야 할 것입니다. 이때 띠지 시안은 되도록 세 가지 이상의 시안을 가지고 작가님과 출판사 간에 논의를 해야 하는데요. 마케터는 시장성에 무게를 두고 의견을 개진해야 합니다.

특히 표지작업이 완료되고 인쇄하기 전에는 책제목, 작가명(역자명), 책값, 앞표지, 앞날개, 뒤표지, 뒷날개 내용에 혹시나 모를 오자는 없는지 꼼꼼히 여러 차례 확인해야 합니다. 또한 띠지에도 뒤표지에 들어가는 것처럼 책제목, ISBN, 바코드, 책값 등이 들어가는데 뒤표지와 내용이 일치하는지도 꼭 확인해야 합니다. 만약 이 부분의 검수가 제대로 이루어지지 않은 상태에서 신간 배본이 이루어졌다면, 그래서 잘못된 정가나 정보가 표지에 인쇄되었다면 출판사에서는 해당 거래서점들에 도서 회수를 요청해야 하는 곤란한 상황에 놓일 수도 있습니다.

## 11
# 원고작성 시 레이아웃 설정하기

　한글이나 워드 프로그램에 원고를 쓰실 때 외적인 면에 지극정성을 기울이시는 분들도 가끔 있으십니다. 이러한 지극정성은 원고의 내용에 기울이셔야 하는데, 겉으로 보이는 레이아웃이나 사진 배치, 그리고 글자 크기 및 행간, 자간 등에 쏟으시니 말입니다. 출판사가 원하는 것은 원고의 텍스트와 책에 들어가는 이미지뿐입니다. 아무리 한글이나 워드 프로그램에 보기 이쁘게 하나하나 꾸미셨다고 해도 출판사에서 막상 편집작업에 들어가면 거기에 있는 글자들을 복사해서 메모장에 넣은 다음, 다시 메모장에 있는 글을 한글파일로 옮겨 편집을 시작합니다. 그러고 나서 디자이너가 원고에 맞게 인디자인 프로그램에서 서체의 종류나 크기부터 시작해서 행간 및 자간 설정 등을 다시 하게 됩니다. 즉, 한글파일 자체를 가지고 바로 인쇄할 것이 아니라면 그곳에 시간을 낭비하실 필요가 없다고 말씀드립니다. 그냥 원고를 쓰실 때는 자연스럽게 적어 나가시면 되며, 간혹 내용이 바뀌는 부분에서만 한 행 정도 띄어주면 좋습니다.

 소설, 수필, 자서전, 여행에세이, 자기계발서, 인문서, 교양서 장르의 원고라면 한글이나 워드 프로그램에서 편집용지 설정 시 크기(판형)는 신국판형(152*225mm)으로, 글자 종류는 한컴바탕, 글자 크기는 10pt, 정렬은 좌우정렬, 행간은 200%로 놓고 쓰신다면 책으로 나왔을 때의 페이지 수를 쉽게 예상하실 수 있습니다. 화면상에 나온 그 페이지 수가 예상되는 실제 페이지이니까요.

제3부

# 온/오프라인 도서 마케팅

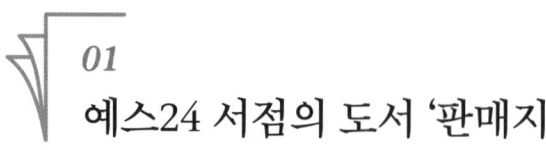
# 01
# 예스24 서점의 도서 '판매지수'

    온라인 서점인 예스24의 검색창에 작가님의 책과 관련된 키워드를 입력하면 관련 카테고리와 도서들을 검색할 수 있는데요. 이러한 도서 검색을 이용해서 작가님의 책과 연관된 유사도서는 없는지, 있다면 그 책의 판매상황은 어떠한지에 대한 점검도 체크해보는 것이 중요합니다. 대형 온라인 서점인 yes24에는 도서의 '판매지수'라는 것이 있는데요. 이것을 통해 이 책의 판매량을 가늠해 볼 수 있습니다. 즉, 판매지수의 숫자가 높으면 높을수록 판매량이 많다고 생각하시면 됩니다.

    더 자세히 알아보자면, 판매지수는 예스24에서 판매한

상품의 수량 표시가 아닌, 당사에서 집계하는 일종의 판매실적 수치입니다. 즉 일 판매량, 주 판매량, 월 판매량, 연 판매량이 각 차별화된 비중으로 반영되어 합산된 점수이며, 상품의 누적 판매분과 최근 6개월 판매분에 대한 수량과 주문건에 종합적인 가중치를 두어 집계하는데요. 예를 들어 두 개의 상품이 같은 기간 똑같이 100권이 팔렸다면, 1명이 1건의 주문에서 100권을 산 상품보다는 100명이 각기 100건의 주문을 통해 100권을 산 상품의 판매지수가 더 높게 나타나게 됩니다.

여기서 '지수'라는 건 어떠한 통계나 변화량을 수치화해서 비교하기 위해 나타내는 겁니다. 그러므로 판매지수는 누적판매량, 최근 일정 기간의 판매부수, 주문량 등을 종합적으로 집계하여 나타내는 예스24의 독자적인 지수입니다. 물론 이 판매지수는 당연히 시간이 지남에 따라 지수에 변화를 보이겠죠? 따라서 판매량이 일정 수준 이상으로 늘어나면 판매지수가 상승하고, 판매량이 일정 수준 이하로 감소하면 판매지수가 하락하는 식입니다. 즉 여러분의 책이 얼마나 판매되고 있는지 확인해볼 수 있는 좋은 지표라 볼 수 있겠죠.

## 02
# 자서전 출판과 퍼스널 브랜딩

지금 이 글을 읽고 계시는 여러분은 그동안 살아온 자신의 이야기가 담긴 자서전 출판에 대해 고민해본 적 있으신가요? 어쩌면 자서전이란 여러분의 인생을 글로써 표현한 개인의 역사서이기도 합니다. 자서전을 깊이 있게 쓰면 그 책을 통해 사람들에게 여러분이 누구인지를 알리는 데에 도움을 줄 수 있을 뿐더러 나중에는 방송 섭외까지 들어오기도 합니다. 그렇게 되기까지 작가님 스스로도 퍼스널 브랜딩을 해야 유명해지고 작가님의 가치가 올라갈 수 있습니다.

정치인이나 유명인들이 왜 자서전이나 회고록을 쓸까

요? 자기가 걸어온 인생 업적을 남기기 위해서 책을 내는 것입니다. 즉, 자신의 이야기를 누군가 읽어주기를 바라는 마음이겠죠. 이처럼 아무리 내가 보잘것없는 작은 사업을 한다 해도 퍼스널 브랜딩은 반드시 필요합니다. 예를 들어 내가 쇼핑몰 판매를 해서 크게 부자가 되고 싶으면 그 상품에 대한 상품설명을 잘 써야 고객의 마음을 빠른 시간 안에 사로잡을 수 있을 것입니다.

시작이 어렵지 글쓰기는 그렇게 생각하시는 것만큼 어려운 것이 아닙니다. 작가님께서 자서전 한 권만 출판하더라도 주변 지인들은 작가님을 이전과는 다르게 볼 것입니다. 그리고 요즘은 누구나 쉽게 자서전을 출판할 수 있는 시스템들이 잘 구축되어 있습니다. 글솜씨가 없어서 글 쓰는 것을 힘들어하시는 분들께 말씀드리자면, 처음 한 권 쓰는 것이 어렵지 몇 권 쓰다 보면 자신도 모르는 사이에 수십 권의 책을 출판하고 있을지도 모른다는 것입니다.

## 03
# 효과 높은 평대이벤트와 서평이벤트 홍보

　인터넷에서 하는 온라인 마케팅으로 출판사에서 가장 많이 하는 도서 홍보로는 각 온라인 서점 홈페이지에 노출되는 배너광고가 있습니다. 신간도서의 독자 타깃에 맞추어 분야별로 알맞은 화면에 배너광고를 올릴 수 있죠. 이건 유료광고이며, 기획출판 시에는 해당 출판사에서 광고비를 부담합니다. 반대로 자비출판 시에는 대개 작가님이 그 광고비용을 부담하게 됩니다. 왜냐하면 우리나라 자비출판사들도 출판사 간의 경쟁이 심하기 때문에 출간비용을 낮추면서까지 출혈경쟁으로 작가님들을 모십니다. 그런 이유로 출간비용에는 유료 광고비가 포함되어 있지 않은 경우가 대부분인데요.

광고비용 부담 없이 홍보할 수 있는 방법으로는 신간 책소개를 다음과 네이버 카페, 네이버 블로그, 다음의 티스토리, X(옛 트위터), 카카오스토리, 인스타그램, 페이스북 등에 자신의 계정을 만들어 올리는 것입니다. 이러한 각 SNS 매체에 대한 소개는 뒷장에 자세히 나옵니다. 반대로 오프라인 마케팅으로 주로 많이 하는 방법은 각 대형서점의 매대를 일정 기간 동안 사서 신간도서를 노출시키는 방법이 있는데요. 독자들이 대형서점의 매장을 지나다니면서 볼 수 있도록 눈에 확 띄게 여러 권을 쌓아놓은 형태의 광고입니다. 이는 유료광고로서 각 서점마다, 지역마다 그 광고비에 차이가 있습니다. 즉 사람들이 많이 다니는 대형서점은 광고비가 그렇지 않은 대형서점보다 비싸며, 대략 100만 원 안팎이라고 보시면 되는데요. 이를 일컬어 '평대이벤트'라고 부릅니다. 매대진열 광고 기간은 보통 매월 1일부터 말일까지 한 달간이며, 보통 출판사에서 서점 측과 계약하여 평대이벤트를 진행합니다.

이 외에도 '서평이벤트'라는 것이 있는데요. 이것은 신간도서가 나왔을 때 서평단(독자)을 일정 인원 모집하고,

해당 도서를 택배로 각 개인에게 보내줍니다. 이때 독자는 그 책을 읽고 서평을 쓰게 되는데요. 주로 개인 블로그나 각 온라인 서점의 해당 도서 구매창 하단의 리뷰 쓰는 란에 서평을 올려줍니다. 이는 입소문 마케팅으로써 가장 좋은 방법이라 강력히 추천드립니다.

특히 대형 온라인 서점인 yes24에서는 자체적으로 서평이벤트를 진행하는데요. 출판사에서 yes24 온라인 서점의 상단에 있는 '리뷰어 클럽' 블로그에 들어가서서 서평이벤트를 신청하면 진행이 됩니다. 작가님도 꼭 자신의 책을 해당 출판사에 문의하셔서 yes24 서평이벤트에 참여해보시기 바랍니다. 보통 기간은 서평단 모집에서 당첨자 발표, 그리고 도서 택배배송과 서평단의 리뷰달기까지 한 달여 정도 소요됩니다.

*04*
# 독자의 트렌드와 니즈를 파악한 마케팅

　마케팅과 영업은 전혀 다른 성질의 것이 아닙니다. 즉, 영업 또한 마케팅의 일부라고 보시면 됩니다. 쉽게 정리하면 영업은 책에 최종 가치를 두고, 마케팅은 독자들에게 최종 가치를 두는데요. 영업은 '출간된 책을 어떻게 팔 것인가'라는 목적에 수반되는 활동을 말합니다. 즉 서점 유통은 어떻게 할 것인지, 책값은 얼마로 정해야 하는지, 물류와 배송은 어떻게 할 것인지와 같은 일련의 프로세스가 이에 해당합니다. 이에 비해 마케팅은 독자의 트렌드와 니즈를 파악하여 독자가 최종 구매 결정을 할 수 있도록 하는 모든 활동을 말합니다.

책을 홍보할 때는 독자가 이 책을 왜 읽어야 하는지를 알리며, 많은 사람들이 그 책을 쉽게 구매할 수 있도록 하는 활동 또한 마케팅의 범주에 속합니다. 이러한 마케팅을 잘하려면 독자들의 성향분석과 서점시장의 트렌드를 정확히 파악해야 하는데요. 독자의 소비행동이 시시각각으로 변하고, 시장환경 또한 복잡하게 바뀌고 있기 때문에 마케팅의 중요성은 갈수록 커지고 있습니다.

출판사들은 새로운 독자들을 창출하기 위해 다양한 이벤트와 판촉행사, 광고 등을 통해 도서 마케팅을 펼치는데요. 여기서는 독자의 만족을 위해 잠재독자뿐만 아니라 구매결정 독자들까지 철저히 관리하게 됩니다. 이는 고객 서비스를 마케팅 영역에 포함시켜 향후 안정적이고 책에 대한 신뢰도가 높은 독자들을 확보하기 위함이고요. 이처럼 마케팅의 중요성이 높아지면서 도서 기획단계부터 마케팅을 고려한 도서출간이 이루어지고 있습니다. 이는 독자의 니즈를 마케팅에서 꼼꼼히 분석하여 도서출간에 충실히 반영함으로써 도서의 구매력을 높이기 위해서입니다.

## 05 도서 마케팅의 세 단계 프로세스

**첫째, 정보(Information) 단계**

철저한 시장조사를 통해 표적시장을 설정하고, 기회요인과 문제점을 파악해야 하는데요. 이 단계에서는 최적의 시장환경과 독자의 설정, 시장분석을 바탕으로 한 정확한 포지셔닝이 중요합니다.

**둘째, 전략(Strategy) 단계**

목표 설정과 함께 앞서 말한 마케팅 믹스가 이루어지는 시기인데요. 이 단계에서는 4P가 유기적인 조합을 이루면서 시장에서 제대로 구현되어야 합니다. 이때 4P란 마케팅에서 경영자가 통제할 수 있는 네 가지 요소를 의미하며, 제품(Product), 유통경로(Place), 판매가격(Price), 판매촉진(Promotion) 등이 이에 포함되는데요. 여기에 마케팅을 위한 협상력이라든지 로비력을 뜻하는 '힘(Power)'을 합해 5P라고 합니다.

### 셋째, 전술(Tactics) 단계

이 단계의 핵심은 '전략을 어떻게 효과적으로 실행할 것인가'입니다. 도서 판매 촉진은 물론 광고, 홍보 등 최대의 성과를 이끌어낼 수 있는 실제적인 방안들이 작동되는 시기인데요. 이 밖에도 통제(Control)를 통해 결과를 평가하고 전략을 수정 및 보완하는 일들이 이루어집니다.

마케팅은 본질적으로 CRM(고객관계 관리)이라고 할 수 있는데요. 이윤을 창출하기 위해 고객관계를 매니지먼트하는 것이고, 고객관리를 매니지먼트하면 이윤이 창출되는 것이 마케팅의 기본 개념입니다. 출판 마케팅도 이러한 마케팅 이론에서 크게 벗어나지 않습니다. 각 출판사마다 규모와 시스템이 다르기는 하지만 일반적으로 앞에서 설명한 세 가지 마케팅 프로세스가 적용되는데요. 따라서 책을 홍보하려면 마케팅 기본 지식을 따로 공부할 것을 권해드립니다. 마케팅 교육기관을 찾아가도 좋고, 각종 세미나 또는 스터디 모임을 활용해도 좋습니다. 카페, 블로그, SNS를 통해 확인해볼 수도 있고요. 사정이 허락하지 않는다면 서점에서 마케팅 기본 지식과 관련된 도서를 구입하여 개인적으로 꼼꼼히 읽어보는 것도 추천드립니다. 이렇게 하는 이유는, 사람들은 흔히 이론이 실행보다 중요하다고 생각하는데요. 이론적 기반이 세워진 마케터는 그렇지 않은 마케터보다 더 충실한 실행전략을 세울 수 있기 때문입니다.

*06*
# 독자들이 원하는 책이 바로 베스트셀러

작가님들에게 항상 하는 말이지만 처음 원고를 어떻게 쓸지 구상할 때 가장 우선순위로 두어야 할 것은 바로 독자들이 원하는 책을 만들어야 한다는 것입니다. 그리고 독자들이 원하는 책을 쓸 수 있는 사람은 독자들이 원하는 정보를 가지고 있는 사람이 아닐까 하는데요. 이렇게 된다면 별다른 마케팅 없이도 책 판매량이 보장될 것입니다.

흔히 사람들이 하는 말로 "가장 좋은 책이 최고의 마케팅이다"라는 말이 있지요. 결론적으로는 책이 잘 팔리게 하기 위해서는 크게 두 가지로 볼 수 있는데요. 독자들이 원하는 좋은 책을 만들든지 아니면 도서 홍보를 잘해야 한다는 것입니다. 도서 홍보는 현실적으로 과다한 비용발생과 유사도서와의 경쟁이 심하기 때문에 어렵지만, 이처럼 처음부터 독자들이 원하는 책을 만든다면 서평이벤트를 통해 책을 알릴 수 있습니다.

## 07
# 무료로 홍보할 수 있는 각종 SNS 활용

　자비출판 시에 도서 홍보를 출판사에 전부 의지해서는 안 됩니다. 해당 출판사도 홍보를 위해 최선을 다해야겠지만 작가님께서도 자신의 네이버 블로그나 카페, 다음 카페, 다음 티스토리 또는 페이스북, X(옛 트위터), 인스타그램, 카카오스토리 등 각종 SNS를 통해 자신의 계정을 만드셔서 책에 대한 홍보를 적극적으로 하셔야 합니다. 왜냐하면 유료 도서 홍보를 하기 위해서는 실제적으로 수백만 원에서 수천만 원의 비용이 들어가는데요. 자비출판으로 책출간 시 작가님께서 부담하시는 출간비용에는 이런 도서 홍보비용이 포함되어 있지 않습니다. 그러다 보니 출판사에서는 무료로 할 수 있는 홍보나 적은 비용으로 할 수 있는 홍보밖에 할 수 없는 상황에 놓이게 됩니다.

특히 자비출판에서 책판매의 결과는 마케팅 소관이라고 하면서 모든 책임을 출판사에 떠넘기거나 자신의 책은 좋은데 이를 몰라주는 독자들이 문제라고 푸념하시기보다는 이 책의 경쟁력은 무엇인지? 리스크는 무엇인지? 경쟁도서와 비교했을 때의 장단점을 분석하고, 표적시장의 최신 트렌드는 어떠한지 등 철저한 시장조사를 통해 작가님 스스로도 마케팅 계획을 수립하실 수 있어야 합니다.

## 08
# SNS(Social Network Service)의 정의

　SNS는 Social Network Service의 약자이며, 사용자 간의 자유로운 의사소통과 정보공유, 그리고 인맥확대 등을 통해 사회적 관계를 생성하고 강화시켜 주는 온라인 서비스를 의미하는데요. 스마트 기기의 보급이 일반화되면서 SNS를 사용하는 사람들이 급증하고 있고, 사용하는 SNS의 수량도 많아지고 있습니다. SNS의 가장 큰 장점은 누구나 콘텐츠를 생산할 수 있고, 빠른 속도로 많은 사람에게 콘텐츠를 전달할 수 있다는 점입니다. 일례로, 지진이나 산사태와 같은 재난상황이 발생하였을 때 현장에 있는 사람들이 직접 영상을 촬영하여 SNS를 통해 전달할 수 있으며, SNS가 시민의 정치참여를 유발하여 민주화를 요구하는 기폭제가 되기도 합니다.

그러나 이러한 SNS의 장점이 오히려 사회문제를 유발할 수도 있는데요. 불확실한 정보가 쉽게 확산됨에 따라 사회적 혼란을 유발할 수 있으며, 익명성을 바탕으로 한 타인에 대한 악의적 비방이나 욕설 등은 또 다른 사회문제를 일으키기도 합니다. SNS를 포함한 뉴미디어는 이러한 특성 때문에 기존의 대중매체보다 상대적으로 신뢰도가 낮다는 한계를 가지는데요. 한편 SNS는 사회화에도 영향을 끼칩니다. SNS 사용이 세계적으로 확산되면서 국가 간 사회화의 내용이 어느 정도 유사해질 수 있는 가능성이 생겼습니다. 또한, 다양한 연령대의 사람들이 SNS를 활용할 경우 세대 간 사회화의 차이도 줄어들 수 있습니다. 이러한 SNS의 종류에는 페이스북, X(옛 트위터), 인스타그램, 카카오스토리 등이 있습니다.

## 09 페이스북(Facebook)의 홍보효과

　현대 시대를 살아가고 있는 사람이라면 누구나 가지고 있는 스마트폰을 중심으로 영향력을 발휘하는 SNS가 바로 '페이스북'입니다. 신문기사, 방송내용, 영화광고, 포털기사 등이 모두 페이스북 안으로 들어오고 페이스북에서 노출이 됩니다. 지금은 각각의 매체로 접속해서 정보를 얻는 것보다 페이스북을 통해서 접속하는 빈도가 더 많아졌는데요. 즉 스마트폰이나 PC, 아이패드 등의 장비를 이용한 페이스북 접속으로 정보를 얻고 있습니다.

　요즘은 페이스북으로 들어가 그곳에서 다른 길로 이동하는 세상에서 살고 있다고 해도 과언이 아닙니다. 지금이 시점에서 작가님께서는 무엇을 해야 할까요? 페이스북에서 자신만이 관리할 수 있는 그룹(계정)을 만들어야 합니다. 왜냐하면 페이스북은 일종의 플랫폼 같은 역할을 하는 매개체이기 때문입니다. 그리고 만들었다면 열정적으로 자신의 도서를 홍보해서 많은 사람들에게 알려야 합니다.

# 10
# X(옛 트위터)의 기나긴 이야기

일론 머스크 테슬라 최고경영자(CEO)가 인수한 소셜 미디어 X(옛 트위터)는 블로그의 인터페이스와 미니홈피의 '친구맺기' 기능, 메신저 기능 등을 한데 엮어 놓은 마이크로 블로그를 말합니다. 마이크로 블로그(Micro-blog)는 블로그의 축약형(마이크로)이라는 뜻으로 장문의 글 위주인 블로그와 달리 자기 생각을 좀 더 간편하게 표현할 수 있는 소셜 미디어를 말하는데요. 2006년 3월 팟캐스팅 업체 오데오(Odeo)의 잭 도시(Jack Dorsey), 에번 윌리엄스(Evan Williams), 비즈 스톤(Biz Stone), 노어 글라스(Noah Glass)가 공동으로 창업하였습니다.

X(옛 트위터) 이용자를 '트위터리안(Tweeterian)', 이들이 올리는 글을 '트윗(Tweet)'이라 하는데요. 또한 특정 글을 다른 사용자에게 퍼뜨리는 것은 '리트윗(Retweet)'이라고 합니다. X(옛 트위터)에서의 친구맺기는 상대가 허락하지 않아도 일방적으로 친구를 맺을 수 있는데, 이게 다른 SNS의 '친구맺기' 기능과 가장 큰 차이점이라고 볼 수 있습니다. 이렇게 내가 다른 사람의 트윗을 구독하는 것을 일러 '팔로잉'(Following)이라고 하고, 내 X(옛 트위터)에 올린 글을 받아보는 사람들을 일러 '팔로워'(Follower)라고 합니다.

　또한 하고 싶은 말을 그때그때 짤막하게 올릴 수 있는데, 한 번에 쓸 수 있는 글자 수는 최대 140자입니다. X(옛 트위터)를 '미니 블로그' 또는 '한 줄 블로그'라고 부르는 이유가 여기에 있습니다. 트윗 수를 140자로 제한한 것은 두 가지 이유 때문인데요. 하나는 휴대폰의 SMS 글자 수에 맞추기 위한 것이었고, 다른 하나는 단문으로 소통하는 젊은 세대의 취향을 반영한 것이었습니다. 이용자가 불편을 느끼지 않고 간단하게 자신의 상태와 생각을 전달할 수 있는 길이를 140자라고 판단한 것이지요.

X(옛 트위터)에 대한 최초 아이디어는 잭 도시가 내놓았는데요. 프로그래머로 활동하며 2000년 차량파견 중계 업체를 창업했던 도시는 차량파견 업체직원들이 차가 어디에 있는지, 어디로 향할지를 확인하기 위해 끊임없이 이야기를 주고받는 것을 보고 서로의 현재 상태를 단문 메시지로 공유하는 플랫폼을 구상했는데, 이 아이디어가 현실화된 게 바로 X(옛 트위터)입니다.

이후 X(옛 트위터)에 대한 아이디어를 가지고 여기저기 접촉했지만 매번 거절당한 도시는 2005년 윌리엄스와 만나 트위터 프로젝트를 시작하였는데요. 윌리엄스는 웹 블로그에 글을 쓰는 사람들에게 최초로 '블로거'(Blogger)라는 이름을 붙인 인물입니다. 애초 트위터는 오데오의 사내팀 SMS(단문 메시지 서비스)로 고안되었는데, 워낙 간단한 서비스였기 때문에 단 두 달 만에 개발되었습니다. 2006년 3월 21일 밤 9시 50분 도시에 의해 첫 트윗이 발송되었습니다.

"Just setting up my twtter(내 트윗이 열렸어)."

# 11
# SNS의 최강자, 인스타그램(Instagram)

 각종 SNS 중에서 도서 홍보 효과가 가장 큰 것을 뽑으라면 인스타그램이라고 적극 말씀드립니다. 실제적으로 인스타그램을 보시면 많은 사람들이 자신의 책을 홍보하기 위해 책의 앞표지와 책소개를 꾸준히 올리는 것을 쉽게 찾아볼 수 있는데요. 요즘은 젊은 층뿐만 아니라 중장년층의 사용인구 또한 갈수록 증가하고 있는 추세입니다. 이러한 인스타그램(Instagram)은 원래 스마트폰으로 찍은 사진을 친구들과 공유하는 서비스로, 미국에서 케빈 시스트롬(Kevin Systrom, 1984~)과 마이크 크리거(Mike Krieger, 1986~)가 2010년 10월 출시하였습니다. '즉석 카메라'(Instant camera)와 '전보'(電報, Telegram)라는 단어를 합성해 만든 이름인데요. 사진을 쉽게 공유하고, 각종 필터를 통해 사진에 색깔과 효과를 쉽게 덧입힐 수 있는 것이 특징입니다.

2012년 4월 12일 페이스북이 인스타그램을 10억 달러(약 1조 1,438억 원)에 인수해 화제가 되었습니다. 이는 대형 인수·합병(M&A)이 잦은 실리콘밸리에서도 깜짝 놀랄 만한 소식이었는데요. 인스타그램은 당시 3,000만 명에 달하는 사용자를 자랑하고 있었지만, 설립 2년밖에 안 된 스타트업(초기 기업)이었고, 직원 수는 12명에 불과했기 때문입니다.

이와 관련, 오라클 프로덕트 매니저인 조성문은 "수지타산이 안 맞는데도 거액의 인수를 하는 경우도 종종 있다. 경쟁상대를 약화시키거나 인재를 끌어들이기 위해서이다. 페이스북이 무려 1조 원이라는 거액을 주고 매출 제로인 직원 열두 명짜리 회사 '인스타그램(Instagram)'을 산 것은 이 두 가지 경우에 해당한다"며 다음과 같이 말하였습니다.

"경쟁사인 구글이나 트위터가 인스타그램을 인수할 것을 두려워했고, 또한 인스타그램을 만든 우수한 창업자들을 페이스북 안으로 끌어들이기 위해서였다. 게다가, 미국은 지식재산권 보호가 철저하기 때문에 섣불리 남이 만든 기술을 따라 했다가는 기업 이미지를 망치고 수천억 원 또는 수조 원에 해당하는 벌금을 내야 하는 수도 있다. 실제로 그런 일이 빈번하게 일어난다. 대기업이 중소기업을 비싸게 인수하고, 그렇게 확보한 우수한 제품과 인재를 활용하여 비싼 인수가격을 합리화할 수 있을 만큼 돈을 잘 벌고, 그렇게 번 돈으로 또 좋은 회사를 인수하는 것. 이것이 이른바 '실리콘밸리 생태계'의 핵심이다. 이렇게 '피가 돌아가기' 시작하면 나머지 일은 자동적으로 일어난다."

그럼 인터넷 분야에서 다음 메가 트렌드는 무엇일까요? 시스트롬은 조선일보(2013년 7월 13일)와의 인터뷰에서 이런 질문에 대해 다음과 같이 답하였습니다.

"저는 커뮤니케이션 문제가 아직 풀리지 않았다고 봅니다. 갈수록 우리는 분절되고(Fragmented) 있습니다. 사람마다 다른 커뮤니케이션 방법을 씁니다. 한국에서는 무슨 메신저를 쓰나요? 카카오톡을 쓴다고요? 미국에서는 와츠앱부터 페이스북 메신저까지 또 다른 것을 씁니다. 이건 정말 철저하게 나뉘어 있어요. 메일은 그렇지 않았습니다. 서로 다른 서비스 회사에서 만든 메일 계정이라도 다 통했습니다. 지금은 음성통화를 할 때, 문자를 보낼 때, 길게 대화할 때, 짧게 대화할 때 쓰는 서비스가 각각 다릅니다. 이걸 해결하는 사람에게 미래가 있습니다."

인스타그램의 사용자 수는 2012년 4월에 1억 명을 돌파하더니, 2014년 11월 3억 명을 넘어섰으며(트위터 2억 8,400만 명), 12월 기업가치가 350억 달러로 트위터의 235억 달러를 넘어섰습니다. 인스타그램은 이젠 동영상 공유 서비스도 제공하고 있는데요. 인스타그램의 한국 이용자도 크게 늘었습니다. 2013년 1월 인스타그램의 월간 이용자는 22만 4,395명에 불과했지만 2015년 2월에는 311만 5,624명으로 2년 만에 14배 늘었습니다.

왜 사람들은 인스타그램에 열광하는 걸까요? 무엇보다

도 쉽게 사진을 보정하고 쉽게 다른 사람들과 공유할 수 있다는 장점 때문일 겁니다. "거의 하루 종일 스마트폰 셔터를 누른다"고 말한 사진작가 강제욱 씨는 "사적인 이야기를 쓰지 않고 이미지만 보여줘도 된다는 점이 편하다. SNS는 내가 언제 어디서 무엇을 보았는지, 일상을 통째로 적는 노트이면서 기억력의 한계를 돕는 장치"라고 말하였습니다.

2015년 1월 페이스북에서 인스타그램으로 옮긴 직장인 김혜은(26) 씨는 "요새 친구들 사이에선 인스타(인스타그램 약칭)가 대세에요. 페북은 가족, 직장동료들이 있어 사적인 얘기를 올리기 부담스러운 데다 광고도 많아져 볼 게 없어요"라고 말하였습니다. 또한 직장인 김형인(여·27) 씨는 "셀카(셀프 카메라)를 찍어도 색감, 초점 등을 보정해주는 기능이 있어 다른 SNS보다 예쁜 사진을 게시할 수 있다"고 말하였습니다. 그리고 서울대학교 교수(심리학) 곽금주 씨는 "최근 젊은 층은 문자보다 사진·동영상으로 자신을 보여주는 것에 익숙하고 스스로 행복을 느낀다"고 말하였습니다.

## 12
## 중장년층의 SNS,
## 카카오스토리(KakaoStory)

　기존 SNS 서비스인 트위터나 페이스북이 문자 중심 SNS였다면, 카카오스토리는 텀블러와 인스타그램을 의식한 듯한 사진 중심의 SNS인데요. 보통은 이미지를 업로드하지만 글 작성도 가능합니다. 이러한 카카오스토리는 2012년 3월 20일 카카오에서 서비스를 출시한 사진 공유 기반 모바일 소셜 네트워크 서비스를 말합니다.

　카카오톡의 인지도에 힘입어서 서비스 시작 3개월 만에 가입자 수 2,000만 명을 돌파하였고, 5개월 만에 가입자 수 2,500만 명, 게시물 작성 수 5억을 돌파하였습니다. 이후 2013~2014년까지 10~20대 사용자 위주로 큰 인기를 끌었으나, 2015년부터 페이스북과 인스타그램이 본격적으로 SNS 시장을 잠식하면서 10~30대 이용자들은 많이 이탈하였습니다. 즉 중장년층이 주로 이용하고 있는데요. 카카오스토리의 약칭은 '카스', '카토리' 등이 있습니다.

2023년 4월 1일 이후로 기존의 노란색이 아닌 보라색 아이콘으로 바뀌었는데요. 네이버 밴드와 함께 40~50대 이용자들이 극단적으로 많은 SNS입니다. 즉 40~50대의 거진 절반이 카카오스토리를 이용하고 있으나 10~20대는 거의 없는 실정인데요. 스마트폰이 학생들에게 빠르게 보급되고, 싸이월드가 망해가던 과도기적 시절인 2012년부터 2014년 여름까지는 10~20대들이 카카오스토리를 꽤 이용했으나 대략 2012년 하반기부터 페이스북이 서서히 대세가 되었고, 2014년 말~2015년 사이를 기점으로 페이스북이 대유행을 하면서 주류로 자리를 잡자 카카오스토리는 젊은 층에게서는 아예 사장되었습니다.

2014년까지 중고등학교에 다니던 1996년생부터 2001년생은 2014년 하반기~2015년 사이에 대거 카카오스토리에서 페이스북으로 갈아탔으며, 동시에 중고등학교 재학 시절에 카카오스토리를 이용한 세대이기도 합니다. 반면에 카카오스토리 끝물인 2014년에 초등학교에 재학 중이던 2002년생부터 2007년생은 초등학교 때만 카카오스토리를 이용했으며, 동시에 2014년 하반기 이후에는 페이스북의 대세와 맞물려 당시 초등학생 사이에서도 페이스북이 관심을 끌기 시작하면서 부모님 계정을 통한 페이스북 가입절차를 거쳐 새롭게 갈아탄 학생들이 생기기 시작했기 때문에 중학교 때까지 카카오스토리의 인기는 이어지지 못하였습니다.

그렇다고 카카오스토리를 이와 같이 이용하지 않는다고 해서 소규모 SNS라고 생각하면 큰 착각이고요. 카카오스토리는 대한민국 SNS 이용 빈도의 30%가 넘는 절대적 지분을 차지하고 있습니다. 한마디로 중장년층의 인스타그램인 셈이죠. 반 농담 반 진담으로 중장년층과 친해지고 싶다면 카카오스토리나 밴드를 이용해보라는 말씀을 드립니다.

카카오스토리는 꼭 필요한 기능(글, 이미지, 촬영, 필독, 공유, 댓글 등)만 담았고, 모바일 기반이기 때문에 다른 SNS에 비해 훨씬 단순하고 이용하기 편하며 꽤 직관적인데요. 이미지 기반이라는 점에서 2세대 SNS로 분류하기도 합니다. 글자 수 제한이 2,081자로 작은 편이라고 하지만 140자 제한인 X(옛 트위터)와 비교할 때 그렇게 적은 편은 아니며, 현재는 5천 자로 늘어나 더욱 넉넉해졌습니다.

한때 카카오스토리를 통해서만 GIF 이미지를 배경사진으로 설정할 수 있었기에 GIF를 배경사진으로 하고자 하는 사람들만 카카오스토리를 이용하였는데, 지금은 당연히 카카오톡만 있어도 가능합니다. 한편 카카오톡과 연결된 카카오스토리 사용자는 설정 → 카카오톡 프로필 연결에서 카카오톡에 글 공개, 카스 버튼, 생일, 직장, 학교 등의 공개를 설정할 수 있고, 검색 설정에서 ID나 이름으로 검색하거나 다음 모바일웹, 카카오톡 검색에 자신이 쓴 글의 공개 여부를 설정할 수 있습니다. 한편 단순하던 초반과 달리 기능도 많아지고 화려하기만 하다고 해서 페이스북처럼 변해가고 있다는 지적을 받는데요. 사람에 따라서는 호불호가 갈리고 있으나, 폐쇄성 자체는 옅어진 편입니다. 2014년 5월 26일 업데이트로 아이

콘과 시작 테마가 새롭게 바뀌고, 웹 버전이 나오면서 지금은 모바일뿐만 아니라 컴퓨터로도 카카오스토리를 이용할 수도 있습니다.

부록

# 01
# 틀리기 쉬운 우리말 표현

작가님께서 원고를 작성하실 때 신경 쓰는 것 중에 하나가 바로 '맞춤법' 아닐까요? 물론 원고의 교정교열은 출판사 편집자의 역할이기 때문에 작가님께서 심각하게 신경 쓸 필요는 없다고 보여지는데요. 그러나 작가라면 어느 정도의 우리말 맞춤법 실력은 겸비하고 있어야 합니다. 또한 제3자가 작가님의 원고를 봤을 때 여기저기 맞춤법이 틀려 있다면 그 원고의 신뢰성에서도 문제가 발생하기 때문에 사람들에게 좋은 인상을 줄 수 없습니다. 그렇기에 웬만하면 원고를 작성하실 때 치명적인 맞춤법 실수는 하지 않는 것이 좋습니다. 이번 장에서는 책쓰기에 필요한 기본적인 국어 문법과 연관지어 일반인들이 혼히 틀리기 쉬운 우리말에 대해서 알아보겠습니다.

### '앙케트'와 '앙케이트'

'앙케트'(Enquete)는 '(어떤 목적을 위하여) 여러 사람에게 같은 질문을 하여 그 해답을 구하는 일, 또는 그러한 조사 방법'을 말합니다. 외래어 표기법상 '앙케이트'는 틀린 표현이 되지요.

### '싸이다'와 '쌓이다'

'싸이다'는 '싸다'의 피동형으로서, 둘러서 가리거나 막는다, 또는 물건을 속에 넣고 보이지 않도록 씌워 가리거나 둘러막음을 당한다는 뜻의 말입니다. 이와는 달리 '쌓이다'는 '쌓다'의 피동형으로서 무엇이 겹겹이 포개어 얹힘을 뜻합니다.

### '왠일이니'와 '웬일이니'

'어찌 된'의 뜻은 '웬'이 바릅니다. '왜'는 '부사'나 '감탄사'로 쓰이며 'ㄴ'과 결합할 수 없습니다. 단, '왜(일본) + 는'의 줄임말로 '왠'을 사용할 수 있으나 잘 쓰지 않습니다. 예를 들면 '웬일이냐?', '웬 사람이 저리 많으냐?', '웬 떡이

냐'. '웬걸', '웬만큼', '웬만하다'. '웬일' 등이 있습니다.

### '쌍둥이'와 '쌍동이'

쌍둥이는 다들 아실 테고, 모음조화를 의식해서 '쌍동이'라고 쓰는 경우가 있는데, 틀린 표현입니다.

### '스라소니'와 '시라소니'

스라소니는 '살쾡이를 닮은 고양이과 짐승'을 말합니다. 그런데 TV 드라마에서 어느 협객 별명을 '시라소니'라고 부르더군요. 역시 틀린 표현입니다.

### '갓서른'과 '갓 서른'

접두사는 붙여 씁니다. '갓서른'과 '갓 서른'의 표기가 헷갈리는 이유는 '갓'이 접두사인가? 관형사 또는 부사인가 하는 점에 있습니다. '갓'은 부사이므로 띄어 써야 합니다.

### '빽빽이'와 '빽빽히'

부사의 끝음절이 분명히 [이]로만 나는 것은 '-이'로 적고, [히]로만 나는 것은 '-히'로 적어야 합니다. '이'인지 '히'

인지 분명하지 않은 것은 '-하다'가 붙는 어근 뒤에는 '-히'로 적습니다. 예를 들면 가붓이, 깨끗이, 느긋이, 따뜻이, 반듯이, 버젓이, 의젓이 등이 있습니다.

### '들쭉날쭉'과 '들쑥날쑥'

원래 '들쭉날쭉'이라고 발음해야 할 것을 '들쑥날쑥'이라고도 발음하는 경우가 있으나, '들쑥날쑥'은 잘못된 표현입니다.

### '웃어른'과 '윗어른'

'아래, 위'의 대립이 없는 단어는 '웃-'으로 발음되는 형태를 표준어로 삼습니다. 즉 '웃어른'이 맞는 표현입니다.

### '식겁'과 '시껍'

식겁(食怯)은 '뜻밖에 놀라 겁을 먹음'이란 뜻입니다. 발음대로 '시껍'이라고 쓰는 사람들도 있는데, 물론 틀린 표현입니다.

### '공일날'과 '공일 날'

같은 뜻의 말이 겹쳐진 경우에는 붙여 씁니다. '空日'의

'日'은 그 훈이 '날'이므로 같은 뜻의 말이 겹쳐진 경우가 됩니다.

### '자장면'과 '짜장면'

흔히 '짜장면'이라고 발음하고 있기는 하지만, 아직도 '자장면'이 표준어라는 점 알아두시기 바랍니다.

### '실랑이'와 '실갱이'

'실랑이'는 '실랑이질'의 준말로, '남에게 못 견디게 굴어 시달리게 하는 짓', 또는 '서로 옥신각신하는 짓'을 말합니다. 두 번째 의미로 쓰일 때에는 '승강이'라고도 하지요. '실갱이'는 틀린 표현입니다.

### '로서'와 '로써'

'로서'는 '자격'이나 '사실'을 나타낼 때 쓰이고, '-로써'는 '재료, 수단, 방법' 등을 나타낼 때 쓰입니다. 흔히 '가지고'로 대체해서 성립하면 '-로써'를 쓰면 됩니다.

### '알맞은'과 '알맞는'

'알맞은'은 설명이 필요 없을 테고, 품사가 형용사이기 때문에 '알맞는'으로 쓰면 틀린 표현이 됩니다.

### '달달이'와 '다달이'

끝소리가 'ㄹ'인 말과 딴말이 어울릴 때에 'ㄹ' 소리가 나지 않는 것은 안 나는 대로 적습니다. 예를 들면 '다달이(달-달-이)', '따님(딸-님)', '마소(말-소)', '열두째(열둘-째)', '싸전(쌀-전)' 등이 있습니다.

### '꼬치'와 '꼬지'

꼬챙이에 꿴 음식물을 가리키는 말을 은연중에 '꽂 + 이'로 분석하여 '꼬지'로 잘못 발음하는 일이 있으나, '꼬치'가 표준어이니 주의하도록 해야겠습니다.

### '가르치다'와 '가리키다'

'가르치다'는 지식이나 기술 또는 이치 따위를 알게 하거나 깨닫게 하는 일을 가리키는 말입니다. 반면에 '가리키다'는 손가락이나 몸짓 등으로 어떤 방향이나 대상 따위를 나타내 보이거나 집어서 말하는 것을 이르는 말인데요. '가르키다'란 말은 없으니 조심해야겠습니다.

### '슈퍼맨'과 '수퍼맨'

'슈퍼맨'(Superman)은 '초능력을 가진 사람, 즉 초인'을 말하지요. 그런데 '수퍼맨'이라고 발음하는 사람들도 있더군요. 외래어 표기법에 어긋나는 표현입니다.

### '국장 겸 과장'과 '국장겸 과장'

두 말을 이어주거나 열거할 적에 쓰이는 말들은 띄어 씁니다.

### '통틀어'와 '통털어'

'통틀어'의 '통'은 '모두', '온통'의 뜻이고, '틀다'는 어떤 것을 한 끈에 죽 엮는다는 뜻의 말인데요. '먼지를 털다'의 '털다'와 혼동될 이유가 없습니다. 즉 '통틀어'가 맞는 표현입니다.

### '남존여비'와 '남존녀비'

접두사처럼 쓰이는 한자가 붙어서 된 말이나 합성어에서, 뒷말의 'ㄴ' 소리로 나더라도 두음법칙에 따라 적어야 합니다. 그 중간에서 두음법칙이 적용되는가 안 되는가에 따라 '남존여비'가 될 수도 있고, '남존녀비'도 될 수 있는데요. 어느 것이 올바른 표기인지는 비전문가에게는 까다롭다고 하지 않을 수가 없습니다. '한글 맞춤법'에서는 합성어로 보아 '남존여비'로 표기하고 있습니다.

### '등살에'와 '등쌀에'

'등살'이 '등에 있는 근육'의 의미로 사용되었으면 '등살'이 옳습니다. 반면에 '몹시 귀찮게 수선을 부리는 짓'의 의미이면 '등쌀'이 맞습니다. 보통 "아이들 등쌀에 쉴 틈이 없다"와 같은 문장으로 쓰입니다.

### '반드시'와 '반듯이'

'반드시(必)'는 '틀림없이 꼭'이란 뜻의 낱말이고, '반듯이(正)'는 '반듯하게'라는 뜻의 말입니다.

### '늑장'과 '늦장'

곧 볼일이 있는데도 일부러 딴 일을 하거나 느릿느릿 꾸물거리는 짓을 할 때 '늑장부린다'고 합니다. 원래는 '늑장부린다'가 맞으나, 현실음을 인정하여 '늦장부린다'도 복수표준어로 인정하였습니다. '늦장'은 '늦게 보러 가는 장'이란 뜻으로도 쓰입니다. 즉, 둘 다 써도 된다는 이야기입니다.

### '그것마저'와 '그것 마저'

'-마저'는 조사이므로 앞말에 붙여 씁니다.

### '늘그막'과 '늙으막'

어간에 '-이'나 '-음' 이외의 모음으로 시작된 접미사가 붙어서 다른 품사로 바뀐 것은 그 어간의 원형을 밝히어 적지 아니합니다. 즉 '늘그막'이 맞는 표현입니다.

### '대구법'과 '대귀법'

한자 '구'가 붙어서 이루어진 단어는 '귀'로 읽는 것을 인정하지 아니하고 '구'로 통일하는데요. 다만, '귀글'과 '글귀'는 '귀'로 발음되는 형태를 표준어로 삼습니다. 즉 '대구법'이 맞는 표현입니다.

### '돌잔치'와 '돐잔치'

종래에는 '돌'과 '돐'을 구별해서 사용했습니다. '돌'은 생일을 말하고, '돐'은 주기를 나타내는 데 사용했으나, 새 표준어 규정에서는 '돌'만을 표준어로 규정하였다. 즉 '돌잔치'가 맞는 표현입니다.

### '벌이다'와 '벌리다'

'벌이다'는 어떤 일을 계획하여 착수하거나 어떤 목적으로 시설을 차려 놓거나 모임을 주선할 때 쓰는 말입니다. "한 번 벌여 놓은 일은 끝까지 밀고 나가야 한다"처럼 쓰이는데요. 반면에 '벌리다'는 두 사이를 떼어서 넓게 하거나, 접히거나 우므러진 것을 편다는 뜻으로 쓰는 말입니다. 예를 들면 "벌린 입을 차마 다물지 못한다." 등이 있습니다.

### '뒷심'과 '뒷힘'

'뒷심'이란 남의 뒤에서 도와주는 힘, 즉 배후의 힘을 가리킵니다. '힘이 세다'에 유추해서 '뒷힘'이라고도 하나, 이는 표준어가 아닌 비표준어입니다. 즉 '뒷심'이 맞는 표현입니다.

### '맞추다'와 '마추다'

전에는 '양복을 마춘다'라고 쓰거나 '마춤점문'이라고 쓰는 것이 옳았으나, 맞춤법을 개정하면서 주문한다는 뜻도 '맞추다'와 '맞춤'으로 표기하도록 하였습니다. 다시 말하면, '맞추다'란 동사의 뜻으로 '무엇을 서로 꼭 맞게 하다'와 '무엇을 주문하다'가 있습니다. 즉 '맞추다'가 맞는 표현입니다.

### '일군'과 '일꾼'

'일꾼'에서 '꾼'은 어떤 일을 직업적, 습관적으로 하는 사람이라는 의미를 지니는 접미사입니다. 이러한 접미사는 종래에는 '군(나뭇군)'과 '꾼(심부름꾼)' 등으로 쓰여 와서 많이 혼동되는 분야인데요. 새 맞춤법에서는 이것을 '꾼'으로 통일하였습니다. 즉 '일꾼'이 맞는 표현입니다.

### '슈퍼스타'와 '수퍼스타'

'슈퍼스타'(Superstar)는 '(스포츠·예능 따위 분야에서) 많은 사람의 우상이 되다시피 한 사람'을 뜻합니다. '수퍼스타'로 적는 사람들이 있는데, 틀린 표현이지요.

### '너조차'와 '너 조차'

조사는 그 앞말에 붙여 씁니다. 언뜻 보기에는 간단한 것 같으면서 어려운 문제인데요. 풀이를 위해서는 '-조차'

가 조사라는 사실을 알아야 합니다. '조차'가 조사라는 사실이 혼동되는 이유는 동사 '좇다'에서 파생된 것이기 때문인데요. '조차'가 조사라는 것만 알면 쉽게 알 수 있습니다. 이와 비슷한 조사에는 '-까지', '-대로', '-마다', '-마저', '-만큼' 등이 있습니다.

### '바람'과 '바램'

'바람(所望)'은 '바라다'란 동사에서 온 것이기 때문에 '바람'이 맞지 '바램'은 틀린 표현입니다.

### '머리말'과 '머릿말'

이는 상당히 까다로운 문제인데요. '머리'처럼 모음으로 끝날 경우에는 뒷말의 첫소리가 된소리가 나거나, 뒷말의 첫소리 'ㄴ, ㅁ' 앞에서 된소리가 날 때에 사이시옷을 사용합니다. 그런데 현실적으로 보아 '머리' 뒤에 오는 말이 된소리인지 아닌지는 개개인에 따라 크게 다르기 때문에 상황에 따라 쓰는 표현을 외우는 수밖에 없습니다. 예들 들면 머리기사, 머리말, 머리맡, 머리소리, 머리새, 머리시[序詩] / 머릿골, 머릿방, 머릿살, 머릿장, 머릿내, 머릿니, 머릿밑 등이 있습니다.

### '부딪히다'와 '부딪치다'

차와 차가 부딪친 것은 '부딪다'의 강세형이기 때문에 '부딪치다'라 써야 하고, 마차가 화물차에 부딪힌 것은 피동이기 때문에 '부딪히다'라 써야 옳습니다.

### '메밀'과 '모밀'

'모밀'은 주로 황해도 지방에서 많이 쓰이는 방언이고, 표준어는 '메밀'입니다.

### '먹을 줄'과 '먹을줄'

의존명사는 띄어 써야 합니다. '줄'은 관형사형 어미 '-[의]ㄹ'에 의하여 수식을 받고 있으므로, 의존명사가 됩니다.

### '몇 일'과 '며칠'

'며칠'은 두 가지의 뜻이 있습니다. '몇 날'이라는 뜻과 '며칟날'이라는 뜻인데요. 며칠을 '몇 일'로 표기하는 사람이 있는데 이는 틀린 표기가 됩니다. 만약 '몇 일'로 적는다면 사잇소리 현상에 따라 [면닐]로 발음되어야 할 것이기 때문에 현실 발음을 중시하여 '며칠'로 적는 것입니다.

### '아무튼'과 '어떻든'

'아무튼'도 부사고, '어떻든'도 부사인데요. 하나는 발음대로 적고, 하나는 'ㅎ' 받침을 써서 적기 때문에 혼동을 일으키기 쉬운 말입니다. 전에는 '아무튼'도 '아뭏든'으로 올라 있었던 것인데, 이번 맞춤법 사정에서는 발음을 따라 '아무튼'으로 적기로 하였습니다. 즉 '아무튼'이 맞는 표현입니다.

### '될런지'와 '될는지'

'는지'라는 어미를 발음상 '런지'로 혼동하는 경우인데요. 이는 과거 회상을 나타내는 '던지'와 선택을 나타내는 '든지'를 혼동하는 경우와 비슷한 양상을 보여줍니다. '얼마나 잘 되었는지'가 '되었런지'가 안 되듯 '될는지'가 '될런지'가 될 수는 없는 것입니다. 즉 '될는지'가 맞는 표현입니다.

### '뻐치다'와 '뻗치다'

발음이나 형태가 비슷한 서로 다른 낱말이 혼동되는 경우입니다. '다리를 뻗친다', '멀리 뻐친다'와 같이 구별하여 적던 것을 '뻗친다'로 통일하였습니다. 왜냐하면 우선 두 말 사이에는 의미의 연관성이 밀접해 서로 구별이 쉽지 않기 때문입니다.

### '돋자리'와 '돗자리'

'ㄷ' 소리로 나는 받침 중에서 'ㄷ'으로 적을 근거가 없는 것은 'ㅅ'으로 적어야 합니다. '덧저고리', '돗자리', '무릇', '사뭇', '얼핏', '자칫하면' 등과 같이 실제 발음은 'ㄷ'으로 나는데 표기는 'ㅅ'으로 함으로 해서 혼동되는 경우인데요. 물론 그렇다고 'ㅅ'으로 표기해야 하는 문법적 이유가 있는 것도 아닙니다. 따라서 이런 경우는 관습에 따라 'ㅅ'으로 적는 것입니다.

### '붙이다'와 '부치다'

'붙이다'는 '붙게 하다', '서로 맞닿게 하다', '두 편의 관계를 맺게 하다', '암컷과 수컷을 교합시키다', '불이 옮아서 타게 하다', '노름이나 싸움 따위를 하게 하다', '딸려 붙게 하다', '습관이나 취미 등이 익어지게 하다', '이름을 가지게 하다', '뺨이나 볼기를 손으로 때리다' 등의 뜻을 지닌 말입니다. 한편 '부치다'는 '힘이 미치지 못하다', '부채 같은 것을 흔들어서 바람을 일으키다', '편지나 물건을 보내다', '논밭을 다루어서 농사를 짓다', '어떤 문제를 의논 대상으로 내놓다', '원고를 인쇄에 넘기다' 등의 뜻을 가진 말입니다.

### '담요'와 '담뇨'

'담요'는 '담'과 '요'가 합성된 말입니다. 즉 '담뇨'라는 표현은 틀린 표현입니다.

### '에누리'와 '외누리'

'에누리'는 어원이 '에다'와 '누르다'가 합성되어 이루어진 것으로써 맞는 표현은 '에누리'입니다.

### '냄비'와 '남비'

'냄비'는 원래 일본말 '나베'에서 온 말입니다. 일본어의 원형을 의식해서 '남비'를 표준어로 삼았던 것인데요. 이제는 거의 '냄비'로 통하기 때문에 이번에 현실음을 표준어로 삼았다. 덧붙여서 '남비'가 '냄비'가 된 것은 소위 'ㅣ' 모음 역행동화라고 하는 것입니다.

### '손톱깎이'와 '손톱깎기'

손톱깎이는 설명이 필요 없을 테고, 1970년대만 해도 일본어 잔재가 남아 '쓰메끼리'라고 말하는 사람들도 많았습니다. 아직도 곳곳에 남아 있는 일본어 잔재들을 청산해야 하는데, 정말 큰일입니다. '손톱깎기'는 물론 틀린 표현이고요.

### '반민족 행위'와 '반 민족 행위'

한자에서 나온 말로서 접두사로 인정되는 것은 붙여 씁니다. 즉 붙여서 '반민족'이 맞는 띄어쓰기입니다.

### '살지다'와 '살찌다'

우선 '살지다'와 '살찌다'는 품사가 다릅니다. '살지다'는 형용사로서 봄에 살이 많아 탐스러운 모양을 가리키거나 땅이 기름지다는 뜻으로 쓰는 말인데요. '살진 암소 한 마리'처럼 쓰입니다. 반면에 '살찌다'는 동사로서 몸에 살이 많아지거나 살이 오르는 동태적인 작용을 나타내는 말입니다. "너는 언제 그렇게 살이 쪘니?"처럼 쓰입니다.

### '채송화'와 '채숭아'

'채송화'는 '채송화'가 맞습니다. 괜히 '봉숭아'에 이끌려 '채숭아'라고 해서는 아니 됩니다. 그런데 '봉숭아'는 '봉선화'도 표준어이나 '봉숭화'는 표준어가 아니게 됩니다. 즉 비표준어입니다.

### '슈퍼컴퓨터'와 '수퍼컴퓨터'

'슈퍼컴퓨터'(Supercomputer)는 '초대형·초고속 컴퓨터'를 말합니다. '수퍼컴퓨터'는 틀린 표현입니다.

### '냉랭하다'와 '냉냉하다'

'冷' 자는 '차가울 랭'이기 때문에 '냉랭하다'가 되어야 하는데요. 첫 음절의 '랭'이 '냉'이 되는 것은 두음법칙의 적용을 받아서입니다. 즉 '냉랭하다'가 맞는 표현입니다.

### '녹슬다'와 '녹쓸다'

'녹이 슬다'의 '슬다'는 '음식에 곰팡이가 슬다'의 '슬다'와 같은 말이므로, '녹슬다'라고 해야지 맞습니다. 혹 나중에 현실음을 반영하여 표준어가 '녹쓸다'로 변할지 모르나, 지금은 '녹슬다'이므로 주의해야 합니다.

### '곱배기'와 '곱빼기'

'곱빼기'란 단어는 전에는 '곱배기'라고 표기하였습니다. 그러나 이번 한글 맞춤법에서는 다른 형태소 뒤에서 [빼기]로 발음되는 것은 모두 '빼기'로 적기로 하였기 때문에 '곱빼기'로 적어야 옳습니다. 그러나 분명히 [배기]로 발음되는 '나이배기', '육자배기', '주정배기' 등은 '배기'로 그대로 적습니다.

### '볼수록'과 '볼 수록'

용언의 어간과 어미 또는 어미처럼 굳어 버린 숙어는 붙여 쓰는데요. '볼수록'을 '볼 수록'으로 띄어 쓰게 되는 이유는, '-(으)ㄹ수록'을 하나의 어미로서 인식하지 못하기 때문입니다. 즉 붙여 써야 올바른 띄어쓰기입니다.

### '예부터'와 '옛부터'

'예'는 명사이기 때문에 조사 '-부터'가 붙을 수 있으나, '옛'은 관형사이기 때문에 조사 '-부터'가 붙을 수 없는데요. 흔히들 '옛부터'라는 말을 쓰는데, 이는 틀린 표현입니다.

### '오뚝이'와 '오똑이'

'오뚝이'는 '오똑이'가 표준어였으나, 이번 새 맞춤법과 표준어 규정에서는 '오뚝이'를 표준어로 삼았습니다. 즉 '오뚝이'가 맞는 표현입니다.

### '~마는'과 '~만은'

'~마는'은 그 말을 시인하면서 거기에 구애되지 아니하고, 다음 말에 의문이나 불가능, 또는 어긋나는 뜻을 나타내는 말입니다. 한편 '~만은'은 어떤 사물을 단독으로 일컬을 때, 무엇에 견주어 그와 같은 정도에 미침을 나타낼 때 쓰는 말입니다. '~마는'의 예로는 "여름이지마는 날씨가 선선하다.", "그는 성악가이지마는 그림도 그렸다." 등이 있으며, '~만은'의 예를 들면 "너만은 꼭 성공할 것이다.", "그의 키도 형만은 하다." 등을 들 수 있습니다.

### '오시오'와 '오시요'

종결형에서 사용되는 어미 '-오'는 '요'로 소리나는 경우가 있더라도 그 원형을 밝혀 '오'로 적어야 하는데요. '-요'는 "이것이 책이요, 연필이다"처럼 열거형일 때 쓰입니다. 즉 '오시오'가 맞는 표현입니다.

### '애송이'와 '애숭이'

'애송이'란 말을 흔히 '애숭이'라고 발음하고 있으나, '애송이'가 표준어입니다. '발가송이'는 '발가숭이'로 표준어를 바꿔 정하면서 '애송이'는 언급하지 않고 있습니다. 즉 '애송이'가 맞는 표현입니다.

### '비가 올 듯하다'와 '비가 올 듯 하다'

'듯하다', '법하다', '성싶다', '척한다' 등과 같은 보조용언은 붙여 써야 합니다.

### '모시다'와 '뫼시다'

'모시다'란 말은 고어가 '뫼시다'였지만 지금은 '모시다'로 바뀌었었습니다. 즉 '모시다'가 맞는 표현입니다.

### '미루나무'와 '미류나무'

'미루나무'는 미국(米國)에서 들어온 버들이라는 뜻에서 '미류(米柳) 나무'라고 했던 것인데요. 이제는 '미루나무'를 표준어로 삼게 된 것입니다. 이처럼 현실적으로 변한 음이 본음을 따른 표준어를 밀어내고 새로운 표준어가 된 예들이 많습니다.

### '사글세'와 '삭월세'

이번 표준어 규정이 나오기 전에만 해도 '삭월세'가 표준어였으나, 현실음을 인정하여 '사글세'를 표준어로 하였습니다. 어원에서 멀어진 형태로 굳어져서 널리 쓰이는 것은 그것을 표준어로 삼습니다. 즉 '사글세'가 맞는 표현입니다.

### '베개'와 '벼개'

'베개'는 '베다'의 어간에 물건을 나타내는 접미사 '개'가 붙어서 된 말입니다. 이 말의 고어형이 '벼개'여서 아직도 그 잔형이 남아 있기는 하지만 표준어는 '베개'입니다.

### '볼썽사나운'과 '볼상사나운'

'관상(觀相)'의 '상' 때문에 '볼상사납다'고 쓰기도 하는 모양인데, '볼썽사납다'가 맞는 표현입니다.

### '사과, 배, 귤 등'과 '사과, 배, 귤등'

두 가지 말을 이어주거나 열거할 적에 쓰이는 말들은 띄어 씁니다. 그러나 '등'이 복수 접미사가 될 때에는 체언과 붙여 쓰는데요. 예를 들면 다음과 같은 문장이 있습니다. "너희등은 공부를 열심히 하여라."

### '일꾼'과 '일군'

종래에는 '일꾼'과 '일군'이 둘 다 쓰였으나, 이번 맞춤법에서는 된소리로 나는 접미사 '꾼', '깔' 등은 된소리로만 적도록 하였습니다. 즉 '일꾼'이 맞는 표현입니다.

### '납량'과 '납양'

'納凉'은 '들일 납(納)'과 '서늘 량(凉)'의 합성어로서, '凉'이 쓰인 자리가 어두가 아닌 까닭에 '납양'으로 표기해야 할 하등의 이유가 없는데요. 이는 따뜻하게 볕을 쬔다는 말인 '납양(納陽)'과의 혼동에서 오는 결과입니다. 즉 '납량'이 맞는 표현입니다.

### '쌍동밤'과 '쌍둥밤'

'쌍동밤'의 '쌍동'은 관용으로 그렇게 굳어진 것으로 보아 '쌍동밤'이라고 하지만, 다른 경우에는 '쌍동이'가 아니라 '쌍둥이'가 표준어가 됩니다.

### '스크루'와 '스크류'

'스크루'(Screw)는 '나선 추진기'를 말하는데, 선박 등에 쓰이지요. '스크류'라고 쓰는 사람들도 있는데, 틀린 표현입니다.

### '재떨이'와 '재털이'

'재'는 '떠는 것'이지 '터는 것'이 아닙니다. 물론 '털다'가 언젠가는 표준어가 될 가능성도 있지만, 지금은 '떨다'가 표준어입니다.

### '설을 쇠다'와 '설을 세다'

'설'은 쇠는 것이지 세는 것이 아닙니다. '설을 쉰다'는 뜻의 한자어 '과세(過歲)'의 '세'에 이끌려 '설을 센다'고 하는 사람들이 있는데, 이는 틀린 표현입니다.

### '이것'과 '이 것'

의존명사가 윗말과 굳어져 버린 것으로 인정될 때에는 붙여 씁니다. 예를 들면 저것, 생것, 이쪽, 이번, 이편, 저편, 젊은이, 어린이 등이 있습니다.

### '부나비'와 '불나비'

끝소리가 'ㄹ'인 말과 딴 말이 어울릴 적에 'ㄹ' 소리가 나지 아니하는 것은 아니 나는 대로 적어야 합니다. 한글 맞춤법에는 '부나비'가 맞는 것으로 되어 있습니다.

### '발자국'과 '발자욱'

발로 밟은 흔적의 형상을 '발자국'이라고 하지 '발자욱'이라고는 하지는 않습니다. 이는 '발자욱'이 노래에서 많이 쓰여 착각하기도 하나, '발자국'이 맞는 표현입니다.

### '사흗날'과 '사흘날'

끝소리가 'ㄹ'인 말과 다른 말이 어울릴 적에 'ㄹ' 소리가 'ㄷ' 소리로 나는 것은 'ㄷ'으로 적습니다. 즉 '사흗날'이 맞는 표현입니다. 예를 들면 바느질고리 → 반짇고리, 삼질날 → 삼짇날, 설달 → 섣달, 술가락 → 숟가락, 풀소 → 푿소 등이 있습니다.

### '삼가다'와 '삼가하다'

'삼가다'란 동사는 몸가짐이나 언행을 신중하게 가진다는 뜻의 말입니다. 그래서 '삼가하다'는 틀린 표현입니다.

### '수꿩'과 '수꿩'

전에는 둘 다 표준어가 되었으나, 이번 개정에서는 '수꿩'만을 인정하였습니다. 즉 '수꿩'이 맞는 표현입니다.

### '일체'와 '일절'

'일체'와 '일절'은 모두 표준말입니다. 그러나 그 뜻과 쓰임이 다르기 때문에 주의해서 사용해야 합니다. '一切'의 '切'은 '모두 체'와 '끊을 절' 두 가지 음을 가진 말인데요. '일체'는 '모든 것, 온갖 것'이라는 뜻을 가진 말이고, '일절'은 '전혀', '도무지', '통'의 뜻으로 사물을 부인하거나 금지할 때 쓰는 말입니다.

### '숙맥'과 '쑥맥'

이 말은 원래 '콩과 보리도 구별하지 못한다'는 뜻의 한자숙어 '숙맥불변(菽麥不辨)'에서 나온 말이기 때문에 '숙맥'이 맞는 표현입니다. 이 '숙맥'을 강조하려는 뜻에서 흔히 [쑥맥]이라고 발음하기도 하나 이는 표준 발음이 아닙니다.

### '설레임'과 '설렘'

'설레임'은 '설렘'의 잘못된 표현입니다. 자주 틀리는 말 가운데 하나인데 '마음이 가라앉지 않고 들떠서 두근거림'이라는 뜻으로, 한마디로 '설레임'이란 말은 없습니다. 시(詩)에서도 가끔씩 '설레임'이 사용되기도 하는데 이는 시적인 표현이며, 롯데제과에서 만든 '설레임' 아이스크림이 히트하면서 많이 사용하게 된 것으로 보입니다.

### '죽을망정'과 '죽을 망정'

'-ㄹ망정'은 하나의 어미로 인식되므로 붙여 쓰는데요. '망정'이 의존명사가 되면 반드시 띄어 써야 합니다. 예를 들면 "미리 알았기에 망정이지 정말 큰일날 뻔했다"가 있습니다.

### '가든지 말든지'와 '가던지 말던지'

사물의 내용을 가리지 아니하는 뜻을 나타내는 조사와 어미는 '-든지'로 적습니다. '-던지'는 과거의 일에 관련된 것이지, 선택이나 상관없음을 나타내는 어미가 아닙니다. 예를 들면 "배든[지] 사과든[지] 마음대로 먹어라.", "나 얼마나 놀랐던지 몰라." 등이 있습니다.

### '아랫니'와 '아랫이' 아니면 '아래이'

우선 "'이(齒, 虱)'가 합성어나 이에 준하는 말에서 '니' 또는 '리'로 소리날 때에는 '리'로 적는다"는 규정을 통하여 '이(齒)'가 '니'로 표기되어야 합니다. 그리고 "뒷말의 첫소리 'ㄴ, ㅁ' 앞에서 'ㄴ' 소리가 덧나는 경우 사이시옷을 쓴다"는 규정을 통하여 사이시옷을 쓰게 되는 것인데요. 즉 '아랫니'가 맞는 표현입니다.

### '양수겸장'과 '양수겹장'

한자어로 '兩手兼將'이므로 양수겸장이라고 읽어야 하는데요. 부사 '겹겹이'의 '겹'에 이끌려 '양수겹장'이라고 하면 틀린 표현이 됩니다.

### '알코올'과 '알콜'

'알코올'(Alcohol)은 탄화수소의 수소를 수산기(水酸基)로 치환한 화합물을 통틀어 일컫는 말입니다. 외래어 표기법에 따르면, '알콜'은 틀린 표현이 되지요.

### '미숫가루'와 '미싯가루'

종래에 '미싯가루'가 표준어였으나, 지금은 '미숫가루'

가 표준어입니다. 이와 비슷한 경우로 '상치 → 상추'가 있습니다.

### '육개장'과 '육계장'

쇠고기를 넣고 얼큰하게 만든 국을 '육개장'이라고 합니다. 그런데 쇠고기가 귀하여 닭고기를 대신 넣은 경우가 있다 보니 '육계장'이라 잘못 아는 일이 있게 된 듯싶습니다. 즉 '육개장'이 맞는 표현입니다.

### '천장'과 '천정'

'천장'은 한자로 '天障'이기 때문에 '천정'이라고 써야 할 아무런 이유가 없습니다. '天井不知'에 이끌려 '천정'이라고 쓰면 틀린 표현입니다.

### '꼭두각시'와 '꼭둑각시'

'꼭두각시'는 얼마 전까지 '꼭둑각시'가 표준어였으나, 이번 표준어 규정에서 '꼭두각시'가 더 널리 쓰이고 있음을 인정하여 그것을 표준어로 삼았습니다.

### '편평하다'와 '편편하다'

우선 한자어로 쓰면 '扁平하다'가 되는데요. 이것을 '편편하다'로 읽는 사람은 한자어에 대한 무지의 소치라고 볼 수 있습니다. 즉 '편평하다'가 맞는 표현입니다.

### '통째로'와 '통채로'

'채'는 '이미 어떤 상태에 있는 그대로'의 뜻을 가진 의존명사이므로 "옷을 입은 채로 물에 뛰어 들었다"에서처럼 쓰입니다. 이때 만일 '채'가 쓰일 때는 의존명사이므로 수식을 받아야 하고요. 그러나 '-째'는 명사 뒤에 붙어 '그대로' 또는 '전부'라는 뜻을 더하는 접미사입니다. 즉 '통째로'가 맞는 표현입니다.

### '폐렴'과 '폐염'

한자어로 쓰게 되면, '肺炎'이 됩니다. '炎'은 '불꽃 염'이므로 폐염으로 써야 할 것 같은데, 현실음을 인정하여 '폐렴'으로 표준어를 정했습니다.

### '풋내기'와 '풋나기'

'-내기'라는 접미사는 종래에는 '-나기'를 표준어로 삼았지만, 새 표준어 규정에서는 'ㅣ' 모음 역행동화가 된 '-내기'를 표준어로 삼기로 하였습니다. 즉 '풋내기'가 맞는 표현입니다.

### '한가운데'와 '한 가운데'

'한가운데'의 '한'은 접두사이므로 뒷말과 붙여 써야 합니다. 즉 붙여서 '한가운데'가 맞는 띄어쓰기입니다.

### '봬요'와 '뵈다'

'봬요'는 '뵈어요'의 줄임말이며, 동사의 종결형입니다. 예를 들면 "다음에 봬요(보아요)."가 있습니다. 한편 '뵈다'는 '웃어른을 대하여 보다'라는 뜻으로 사용되는데 '뵙겠습니다', '뵐게요' 등으로 쓰입니다.

### '더욱이'와 '더우기'

부사에 '-이'가 붙어서 뜻을 더하는 경우에는 그 어근이나 부사의 원형을 밝히어 적습니다. '더욱이'는 부사 '더욱'에 접미사 '-이'가 붙어서 발음 습관이나 감정적 의미를 더하기 위해서 독립적인 부사 형태에 '-이'를 더한 것일 뿐 품사전성은 일어나지 않는데요. 즉 '더욱이'가 맞는 표현입니다.

### '어떻게'와 '어떡해'

'어떻게'는 방식이나 방법, 무슨 이유나 까닭, 모양 등을 뜻하는 말이며, '어떡해'는 '어떠하게 하다'는 의미로 문장의 마지막에 사용하는 말입니다. 예를 들면 "이 음식은 어떻게 먹어요?", "오늘 시간이 없는데 어떡해?" 등이 있습니다.

### '안'과 '않'

'안'은 부정이나 반대의 뜻을 나타내는 부사 '아니'의 준말이며, 뒷말과 띄어 씁니다. 하지만 '않'은 동사나 형용사 아래 붙어서 부정을 뜻하는 보조용언 '아니하다'의 준말이며 뒷말과 붙여 씁니다. 헷갈리는 자리에 '아니', '아니하다'를 넣어보고 자연스러운 것을 사용하면 되는데요. '안'의 경우 문장에서 가리고 읽어도 문장이 자연스럽고, '않'의 경우 가리고 읽으면 문장이 성립되지 않기 때문에 말이 안 되면 '않'을 사용하면 됩니다. '안'의 경우 예를 들면 '안(아니) 오다', '안 하다', '안 더워' 등이 있으며, '않(아니하)았다', '않(아니하)을래?', '않(아니하)다' 등이 있습니다.

### '강남 멋쟁이'이와 '강남 멋장이'

기술자에게는 '-장이', 그 외에는 '-쟁이'가 붙는 형태를 표준어로 삼습니다. 그러므로 기술자가 아닌 '강남 멋쟁이'는 '강남 멋장이'가 될 수 없습니다. 예를 들면 미장이, 유기장이, 소금쟁이, 골목쟁이, 발목쟁이, 양복쟁이 등이 있습니다.

### '곤란'과 '곤난'

[골란]은 한자어인 '곤할 곤(困)'과 '어려울 난(難)' 자가 합성된 말이라 원칙적으로 하면 '곤난'이라고 적어야 하나, 그렇게 하면 우리의 현실음 [골란]에 맞지 않게 됩니다. 그러므로 [골란]이란 발음이 나오게 하기 위해서나 '곤할 곤(困)' 자의 음을 바르게 적기 위해서는 '곤란'으로 적을 수밖에 없습니다. 즉 '곤란'이 맞는 표현입니다.

### '아치'와 '아취'

'아치'(Arch)는 '(문·창·다리 등) 건축물의 윗부분이 반원형으로 된 구조', 또는 '축하나 환영의 뜻으로 무지개 모양으로 만들어 놓은 구조물'을 말합니다. 한자어로는 '궁륭'(穹隆)이라고 하지요. 그런데 '-ch' 발음을 '취'라고 하는 경우가 많은데, 앞서 벤치(Bench)에서 보았듯이 틀린 표현입니다.

### '괴로워'와 '괴로와'

'괴롭고, 괴로우니라'는 불규칙 용언입니다. 종래에는 모음조화에 따라 '괴로와'가 되었지만, 새 맞춤법 규정에서는 '괴로워'로 표기하도록 규정하였습니다. 다만, '돕-, 곱-' 같은 단음절 어간에 '-아'가 결합되어 '와'로 날 적에는 '도와, 고와'처럼 표기해야 합니다. 즉 여기서는 '괴로워'가 맞는 표현입니다.

### '핑계'와 '핑게'

김건모의 '핑계'는 '핑계'를 [핑게]로 발음하고 있지만, 발음은 표준으로 인정되나 표기는 '핑계'가 맞는 표현입니다.

### '합격률'과 '합격율'

본음이 '렬, 률'인 '烈, 列, 裂, 劣, 率, 律, 慄' 등은 어두가 아닌 위치에서는 본음대로 적되, 모음이나 'ㄴ' 받침 뒤에 이어지는 '렬, 률'은 '열, 율'로 적어야 합니다. 즉 '합격률'

이 맞는 표현입니다. 예를 들면 맹렬(猛烈) : 선열(先烈), 행렬(行列) : 선열(船列), 결렬(決裂) : 분열(分裂), 졸렬(拙劣) : 비열(卑劣), 능률(能率) : 비율(比率), 법률(法律) : 운율(韻律), 율률(慄慄) : 전율(戰慄) 등이 있습니다.

### '태릉'과 '태능'

'태릉', '정릉'과 같은 지명을 [태능], [정능]처럼 발음하고, 버스의 목적지 안내판에도 '태능', '정능'으로 쓴 곳이 있어서 착각하기 쉬운데요. 한국어에서 한자음 'ㄹ'이 탈락하거나 'ㄴ' 소리로 바뀐 것을 그대로 표기하는 것은 어두에 올 경우입니다. '태릉'은 [태릉], '선릉'은 [설릉]이 표준 발음입니다.

## 02
# 일반적으로 통용되는 출판용어 총정리

다음은 여러분의 책출간과 관련된 출판용어들을 최대한 모았습니다. 작가님 입장에서 필요한 간단한 몇 가지 출판용어만 설명드리려 했으나 어차피 읽으시는 것이기에 전문 편집자나 인쇄업자가 아는 수준의 출판용어까지 담았는데요. 읽어보시면서 아시겠지만 외울 필요는 없구요. 생소한 용어들도 한 번 읽어봄으로써 좀 더 출판 생태계를 이해하시고 감을 잡는 데 도움이 되고자 하였습니다. 주의할 점은 여기서 소개하는 출판용어들은 정식 명칭이 아니라 출판현장에서 일반적으로 통용되는 용어들이라는 것입니다.

### 양장제본

실로 꿴 속지를 하드커버로 싸서 만드는 방식입니다. 견고하고 고급스럽지만, 제작비가 비싼 것이 단점인데요. 두껍고 소장가치가 있는 사전이나 장서류 등에 많이 사용됩니다.

### 반양장 제본

실로 꿴 속지를 소프트커버와 함께 붙이는 방식입니다. 양장에 비해 견고함은 떨어지지만, 무선보다는 튼튼한데요. 대학교재나 종교서적 등에 많이 사용됩니다.

### 무선제본

일명 '떡제본'이라고도 하는데요. 속장과 표지를 접착제로 붙이는 방식입니다. 제작비가 저렴하고 빨리 만들 수 있어서 일반적으로 무선제본을 많이 선택합니다.

### 옵셋인쇄

인쇄판을 이용해서 인쇄하는 방식을 말합니다. 대량으로 한꺼번에 인쇄하며 가장 일반적인 방식인데요. 재고의 부담이 있지만, 권당 생산비는 저렴한 편이며, 이처럼 한 번에 많이 찍을수록 권당 생산비는 낮아집니다.

POD 인쇄

디지털 방식으로 인쇄하는 주문형 출판방식을 말하는데요. 절판도서 등을 소량으로 출판할 때 많이 사용됩니다. 이때 주의할 점은 재고의 부담이 없지만, 권당 생산비는 옵셋인쇄보다 비쌉니다.

장수

앞뒤 양면을 한 장으로 하여 헤아린 것을 말하는데요. 보통 2장이라고 하면 4페이지를 말합니다.

책의 판형

일반적으로 판형은 책의 크기를 말합니다. 출판에서 가장 많이 쓰이는 네 개의 판형은 다음과 같습니다. 첫째, 국배판형(A4, 210*297mm)은 사진이 많은 잡지나 학생들 문제집에 많이 쓰입니다. 둘째, 46배판형(B5, 188*257mm)은 참고서나 교과서 등에 많이 쓰입니다. 셋째, 신국판형(152*225mm)은 소설, 자서전, 수필, 실용서 등에 많이 쓰입니다. 넷째, 46판형(다찌판, 128*188mm)은 판형이 작아서 시집에 많이 쓰입니다. 작가님께서 책의 크기(판형)를 정하실 때 원고의 장르를 고려하여 이와 같은 네 가지 중에 하나를 고르시면 됩니다. 참고로 '변형판형'이라는 것이 있는데, 이는 판형에서 좌우나 상하 부분을 조금씩 잘라낸 것을 말합니다. 예를 들면 가장 많이 쓰이는 판형인 신국판형(152*225mm)에서 좌우 길이를 20mm 잘라내서 132*225mm의 책을 만들게 되면 보통 '신국판 변형판형'이라고 부릅니다.

### 쪽수

쪽수는 완성된 책의 실제 페이지 수를 말합니다. 즉, 한글이나 워드 프로그램의 원고 페이지 수를 말하는 것이 아닙니다. 보통 한글이나 워드 프로그램에서 A4 용지의 쪽수에 2~2.5를 곱하면 완성된 책의 예상 쪽수가 나옵니다. 판형이 크거나 이미지가 거의 안 들어갈 경우 주로 2를 곱하고, 판형이 작거나 이미지가 많이 들어가는 경우에는 2.5를 곱하면 됩니다. 일반적으로 200페이지 내외의 쪽수가 가장 일반적인 페이지라고 볼 수 있습니다.

### 정가

정가는 책의 가격을 말합니다. 정가가 너무 낮으면 판매수익이 적고, 독자들도 내용이 부실하다고 느낍니다. 책은 가격에 민감한 상품이므로 정가를 잘 책정해야 좋은 책을 내고도 안 팔리는 사태를 막을 수 있는데요. 현재는 신국판 250페이지 내외일 경우 보통 14,000~16,000원 사이로 책값을 책정합니다.

### 스노우지

눈처럼 하얀 무광택 종이인데요. 비용이 저렴하고 깔끔해서 표지에 가장 많이 사용됩니다.

### 아르떼지

은은하고 따뜻한 질감이 느껴지는 무광택 종이인데요. 스노우지보다 비싸지만 고급스럽습니다. 랑데뷰지나 르느와르지는 제조사가 다를 뿐 아르떼지와 같은 종이로 보아도 좋습니다.

### 아트지

표지에 사용되는 가장 저렴한 종이로서 종이 자체에

광택이 있고 대중적이어서 주로 소책자 표지에 많이 쓰입니다. 흔히 '아드지'라고도 불립니다.

### 미색모조지

일반적으로 내지에 많이 쓰는 종이인데요. 재질이 매끄럽고 약간 노르스름한 빛이 나서 눈의 피로를 줄여줍니다. 본문의 양이 많으면 80g/㎡를 사용해서 두께를 줄여주고, 본문의 양이 적으면 100g/㎡를 사용해서 적당히 볼륨감을 주는데요. 80g/㎡는 약간 뒤비침이 있고, 100g/㎡는 뒤비침이 없습니다. 이때 주의할 점은 평량에 따라 책등의 두께가 달라지므로 세네카 계산을 잘해야 합니다.

### 이라이트지

약간 누렇고 거친 재생지 느낌의 종이인데요. 원목을 가공한 미색모조지에 비해 나무 부스러기를 활용해서 만들기 때문에 친환경적입니다. 종이 속에 기포를 함유시켜서 일반 종이보다 20% 정도 가벼우며, 부피에 비해서도 가벼워서 적은 페이지의 책이라도 두툼해 보이고 휴대가 편하다는 장점이 있습니다. 가격은 미색모조지와 큰 차이가 없지만 재질 때문에 좀 더 저렴해 보일 수 있습니다.

### 1도 인쇄

주로 본문 흑백인쇄를 말하는데요. 제작비가 저렴하고 농도에 따라 명암 표현이 가능합니다.

### 2도 인쇄

본문에 두 가지 색을 사용한 것을 말합니다. 검은색과 다른 색으로 주로 쓰는데요. 기본적으로 활자에 흑색을 쓰고, 소제목이나 페이지 표시, 강조하는 부분에 다른 색을 사용합니다. 보통 검은색과 하나의 별색을 쓰는데요. 이때 별색은 여러 가지 색을 섞어 가장 마음에 드는 하나의 색으로 만듭니다.

### 4도 인쇄

본문 전체를 흑백이 아닌 컬러로 인쇄하는 것을 말하는데요. 주로 사진집이나 그림이 많이 들어가는 책에 사용됩니다. 참고로 3도 인쇄는 거의 쓰이지 않지만 학생들 문제집의 경우 본문을 2도 인쇄로 하고, 또 다른 별색으로 선생님만 볼 수 있게 하기 위해 3도 인쇄가 쓰이기도 합니다. 이 경우는 한 권의 책에서 학생용 책은 2도 인쇄로 찍고, 선생님용 책은 3도 인쇄로 찍게 됩니다. 결론적으로 색도가 올라갈수록 제작비가 비싸진다는 점을 알아두시기 바랍니다.

### 표 1, 2, 3, 4

책이나 잡지를 인쇄할 경우엔 표지를 별도로 인쇄합니다. 그래서 앞표지는 표 1, 표지 다음 면을 표2, 겉장 전 페이지를 표 3, 마지막 겉장을 표 4라고 말하며, 잡지는 표 4의 광고비가 가장 비쌉니다.

### 면지(End paper)

책의 속장과 표지를 연결하는 부분으로 표지의 안쪽에 붙이는 종이를 말하며, 책의 속장과 표지가 견고하게 붙도록 하는 중요한 역할을 합니다.

### 책귀(Book joint)

양장본의 경우 속장의 이음 부분의 양 모서리를 접어 낸 부분을 말하며, 이 책귀가 표지의 홈 부분에 접하여 책이 여닫히게 합니다.

### 띠피(Book band)

책의 표지나 케이스의 아래쪽에 감는 띠 모양의 종이로서 '띠지'라고도 하는데요. 서적명, 내용의 간단한 소개 또는 비평의 일부 등을 인쇄하여 광고의 효과를 거두는 역할을 합니다.

### 머리(Head, Top edge)

완전히 제책된 책의 위쪽 면을 말합니다.

### 밑(Tail edge)

머리와 반대되는 책의 아래쪽 면을 말합니다.

### 배(Fore edge)

등과 반대되는 책의 여닫는 쪽을 말합니다.

### 날개(접지)

표지나 내지에 접혀 있는 부분을 말하는데요. 표지에 붙어 있으면 표지날개, 내지에 붙어 있으면 내지날개입니다. 대체로 앞날개에는 작가의 소개가 들어가며, 뒷날개에는 출판사의 광고를 싣게 됩니다.

### 책등(Back)

책을 엮은 쪽 또는 꿰맨 쪽 바깥 부분을 '등' 또는 '책등'이라 하며, 둥근 등(Round back)과 모등(Square back) 두 가지가 있습니다.

### 책커버(Book cover)

양장본에서 책표지 위에 덧씌우는 외피로써 쟈켓(Book jacket)이라고도 합니다.

### 가름끈(Tassel)

양장본에서 책의 읽은 곳 등을 표시하기 위해 책장 사이에 끼워두는 끈을 말하는데 '보기끈'이라고도 합니다.

### 머리띠(Head band)

양장본의 경우 속장의 위아래 양쪽에 붙인 천으로 '꽃천'이라고도 하는데요. 본래는 색실을 서로 엇바꾸어서 접장을 꿰매어 책을 튼튼하게 함과 동시에 책이 잘 펴지게 하는 역할을 하며, 주로 무늬천을 사용합니다.

### 판권지(Colophon)

서적, 잡지의 출판사항을 기재한 부분을 말하며, '판권장'이라고도 하는데요. 출판에 관한 사항을 인쇄하여 붙인 것이나 인쇄한 면을 말합니다. 보통 책 본문 맨 뒷장에 위치하거나 본문 2페이지에 넣기도 하는데, 이는 출판사마다 차이가 있습니다.

### 표지(Book cover)

책의 외장 부분을 말하며, 속장을 보호하고 내용을 표시하는데요. 책의 몸체를 보호하는 데 목적이 있기 때문에 비교적 두꺼운 종이나 판지(Card board) 등을 사용하여 만듭니다. 또 표지를 천이나 가죽으로 싸기도 하며, 표지에는 책명, 권수, 작가명, 발행처 등을 표시하고, 장식의 효과를 높이기 위해서 디자인을 합니다.

### 도비라

일본어로 '문짝'을 의미하며, 책의 내지에 들어 있는 소제목별 페이지를 말합니다.

### 라미네이팅(코팅)

책 등에 비닐을 입히는 작업을 말하는데요. 유광, 무광, UV코팅 등이 있습니다.

### 하시라(기둥제목)

페이지의 상단 및 하단의 여백 부분에 책표제, 소제목, 장제목, 페이지 수 등이 나오는 부분을 말합니다.

### 평량

종이 1㎡의 무게를 평량이라고 합니다. 250g/㎡는 가로 1m, 세로 1m인 종이의 무게가 250g이라는 뜻인데요. 사무용 A4 용지의 평량은 대부분 80g/㎡입니다. 평량이 클수록 종이가 두꺼워지므로 표지용으로는 200g/㎡ 이상이 많이 쓰이며, 본문의 경우에는 미색모조지 80g/㎡가 가장 많이 쓰입니다.

### 형압

가죽이나 종이에 자국을 내서 입체감을 살려주는 작업입니다.

### 금박

반짝이는 금빛 누름자국을 만드는 것을 일컫습니다.

### 리플릿(Leaflet)

접지만으로 구성된 낱장으로 된 소책자를 말합니다.

### 교정부호

교정부호는 1차로 원고를 출력한 후 오타나 잘못된 부분을 수정하기 위해 사용되는 기호를 말하는데요. 교정부호는 공통된 기호로, 그 모양과 의미를 파악하고 있어야 편집자와 디자이너 간의 소통이 가능합니다. 교정부호를 사용할 때에는 편집자와 디자이너 사이에 미리 정해진 기호를 사용해야 하며. 교정부호를 표시하는 펜은 원고의 색상과는 다른 펜을 선택하여 교정부호가 눈에 잘 보이게 합니다. 또한 교정하려는 글자나 문장을 정확하게 지적해야 하며, 원고가 너무 복잡해지지 않도록 합니다.

### 재단 맞춤표

최종적으로 편집 작업물이 완성되는 크기이며, 인쇄

후에 바깥면을 다듬는 경계선이 됩니다. 편집면을 구성할 때 블리드 구성이 아니라면 적어도 내용을 재단선에서 5mm 이상 안쪽에 배치해야 내용이 잘려나가지 않습니다.

### 여유선

여유 인쇄선이라고도 불립니다. 그림을 편집면 가장자리에 꽉 차게 배치하는 블리드(Bleed) 구성의 경우에는 여유선까지 그림을 배치하여 인쇄 후에 생기는 여백이 없도록 구성합니다.

### 여유분

재단선에서 여유선까지의 간격입니다. 이 부분은 최종 재단 시 잘려나가는 부분이므로 블리드 구성 시 중요한 부분은 이곳에 배치되지 않도록 주의합니다.

### 중앙 맞춤표

실무에서는 '톰보선'이라는 일본말을 주로 사용합니다. 정확한 인쇄를 위한 기준선이며, 대부분 판굽기를 할 때 중앙 맞춤표만 인쇄판에 남기고 나머지는 지웁니다.

### 가름선

접지선이라고도 하며 양면 페이지의 경계선입니다. 펼침면으로 구성할 경우 중요한 요소나 텍스트가 가름선에 걸치지 않도록 주의해야 합니다.

### 편집면

여백을 뺀 나머지 부분으로 텍스트와 그림 등의 요소가 배치되는 곳입니다. 인디자인에서는 용지의 크기와 여백을 설정하면 자동으로 편집면의 크기가 결정됩니다.

### 인쇄용지의 크기

인디자인에서 작업한 문서의 크기는 인쇄할 용지 크기에 비해 적어도 10mm 정도 작게 설정합니다. 이것은 기계에 용지를 걸 때 필요한 공간과 출력에 필요한 맞춤표가 인쇄되는 공간이기 때문입니다.

### 단 간격

단과 단 사이의 여백으로 글을 읽을 때 옆단과의 구별이 쉽게 되도록 하는 영역입니다. 일반적인 단 간격은 5~10mm 정도가 적당하나 본문의 서체 크기에 따라 적당한 비율로 조정합니다. 간혹 단 간격 중앙에 선을 넣어 레이아웃을 구성하기도 합니다.

### 필드(Field)

단을 세로와 가로로 분할한 한 면의 최소 단위를 필드라고 합니다.

### 여백

편집면을 뺀 나머지 부분을 여백이라고 하며, 편집면의 내용이 효과적으로 보이게 하는 중요한 역할을 합니다. 의도적으로 만드는 여백인 화이트 스페이스와는 구별되며, 이 여백은 편집작업 시 필수적인 요소입니다.

### 브로슈어(Brochure)

기업의 업무 안내나 PR을 위주로 한 소책자를 말합니다.

### 팸플릿(Pamphlet)

시사문제, 소논문, 심포지엄이나 세미나 등 행사와 관련해서 일시적으로 만들어내는 소책자를 말합니다.

### 카탈로그(Catalog)

물품이나 책 등의 목록이나 리스트의 뜻이 강하게 내포된 소책자를 말합니다.

### 그리드(Grid)

레이아웃 디자인에서 가장 기본적인 요소이며, 정해진 지면을 효율적으로 사용할 수 있게 하는 표본입니다. '템플리트'(Templates)라고도 하며, 그래픽, 문자, 판형 페이지, 헤드라인 등의 위치를 기본적으로 설정합니다.

### 더미(Dummy)

한 섹션의 표본이 되는 페이지를 구상하여 러프 스케치(Rough Sketch)한 것을 말합니다.

### 안내선(Guide line)

그리드 내의 단과 여백의 일반적인 위치를 나타내는 선인데요. 도큐먼트를 출력할 때에는 안내선이 표시되지 않습니다.

### 단(Column)

편집면을 세로로 분할한 면을 말합니다. 큰 판형의 인쇄물인 경우에는 가독성을 위해 단을 나누어야 하는데, 적당한 단의 길이는 10~12cm 정도입니다. 단의 폭은 편집면에서 단 간격을 뺀 나머지 부분을 일정한 비율로 나누어주는데요. 인디자인에서는 단 폭이 자동으로 일정하게 만들어집니다. 그러나 변화 있는 레이아웃을 위해 불규칙한 분할이 사용되기도 하는데, 이 경우에는 새로운 텍스트 상자를 이용하여 단을 구성합니다.

### 블리드(Bleed)

시각적 효과를 위해 마진(Margin)의 부분까지 인쇄 영역으로 활용하는 것을 말합니다. 보통 그림이나 사진을 마진에 배치하는 경우가 많은데, 이 경우 이미지를 재단선보다 3mm 정도 바깥으로 배치하여야 최종 재단 시 생기는 여백을 막을 수 있습니다.

### 둘러싸기(Wrap)

집중효과를 높이기 위해 단 안에 배치된 그림이나 문자들을 주변의 글들이 둘러싸는 것을 의미합니다.

### 페이지 자리 잡기(Folio)

페이지 번호나 소제목, 출판사명 등을 반복적으로 매 페이지에 삽입하는 것을 말합니다.

### 화이트 스페이스(White Space)

글과 그래픽이 서로 효과적으로 강조될 수 있도록 주어지는 빈 공간이며, 일반적으로 설정하는 여백과는 차이가 있습니다.

### 맞춤선(Registration Marks)

원색필름을 인쇄할 때 맞춤선으로 정확하게 새 위치를 설정해주면 정밀한 인쇄를 할 수 있습니다.

### 재단선(Crop Marks)

인쇄된 원고를 정해진 규격대로 자를 수 있도록 표시해 놓은 선입니다.

### 트랩핑(Trapping)

두 가지 컬러가 인접하는 부분이 인쇄되지 않는 현상을 방지하기 위해 그 두 컬러의 영역을 약간씩 확장하여 겹쳐 인쇄하는 기술을 말합니다. 이 기술을 이용하면 인쇄상의 미세한 갭을 방지할 수 있습니다. '오버프린트'(Overprint)라고도 합니다.

### 니고리

컬러인쇄에 있어 바라는 색이 맑게 나타나지 않고 흐린 느낌이 되는 것을 말합니다.

### 다이와리

책거리(페이지물)를 인쇄할 때 인쇄기 1대에 의해 1번에 인쇄되는 페이지 수로 판면을 구분하는 것을 말합니다.

### 다이와리호

대수 나누기를 한눈에 볼 수 있도록 편집용으로 작성하는 표를 말합니다.

### 다치키리반(Blleed)

인쇄한 후 끝마무리를 할 때(다듬재단할 때) 잘라낼 수 있도록 제판한 것을 말합니다.

### 단쇼쿠즈리

한 가지 색의 잉크로 찍은 인쇄물을 말합니다.

### 돈보(Register mark)

여러 가지 색을 겹쳐 인쇄할 때 각 판의 가늠을 잡기 위해서 인쇄판 4면 중앙에 직교된 눈금을 표시한 것을 말합니다.

### 도시(Impression)

인쇄기에 용지를 통하게 하여 찍혀지는 회수를 나타내는 단위를 말합니다.

### 미카에시(End papers, End leaves)

서적의 속장과 표지를 연결하는 중요한 구실을 하는, 표지 뒤에 붙이는 4페이지분의 종이를 말합니다.

### 라쿠초즈리

낙장을 메우기 위해 부족분을 더 인쇄하는 것을 말합니다.

### 라쿠가케(Work and turn)

인쇄용지에 앞판과 뒷판을 같은 판으로 인쇄한 다음, 반으로 자르면 동일 인쇄물이 원지 1장에서 2벌 얻어질 수 있게 앉히는 방법을 말합니다.

### 베라(Leaf)

낱장 1장으로 된 종이에 찍은 인쇄물, 낱장광고 따위를 말합니다.

### 오모테반(Outer from)

인쇄에 있어 국판전지에 1~32페이지를 걸 경우, 앞쪽에 찍은 16페이지분의 판을 말합니다.

### 이로다시

컬러인쇄를 시작할 때 색의 상태와 밸런스를 보아 교정쇄와 비교하여 맞춰보고 잉크, 그 밖의 조절을 하는 것을 말합니다.

### 이로즈레

다색인쇄에서 가늠이 맞지 않아 색판의 인쇄 위치가

어긋나게 인쇄되는 것을 말합니다.

### 하리꼬미(Sticking, Patching, Layout)

대지에 사식문자를 붙이는 일, 포지필름을 레이아웃에 의해 대지필름에 붙여 제판용 원판을 만드는 일 등을 말합니다.

### 에미가에시(그림면지)

양장본의 표지와 내용이 접하는 부분을 보강하기 위해 표지의 안쪽에 있는 2페이지의 튼튼한 종이를 말합니다. 내용물을 보호할 뿐 아니라 책의 내구성을 유지해주는 역할을 합니다.

### 돈땡(같이걸이)

앞뒷면을 필름 한 장에 모두 출력해서 인쇄하는 것을 말합니다.

### 가미무게

인쇄할 때 잉크의 점착성이 지나치게 크거나, 종이의 표면조직의 강도 부족, 표착력 부족 따위가 원인이 되어

지면이 뜯기는 것을 말합니다.

### 고세이즈리(Proof)

교정을 하기 위하여 찍어내는 인쇄 또는 그 인쇄물을 말합니다.

### 기어메(Gear mark, Ribbing)

인쇄면 가로 방향으로 나타나는 줄무늬 모양의 더러움 또는 얼룩을 말합니다.

### 넘버링인사쓰

번호 인쇄 볼록판으로 일련번호를 박는 인쇄방법을 말합니다.

### 호사쓰

인쇄가 끝난 인쇄물에 색조의 부족, 탈락된 부분을 발견했을 경우 이 부분에 대하여 보충인쇄를 하는 것을 말합니다.

### 다치오토시(Offcut)

전지에서 필요한 면적의 종이를 자르고 남은 자투리 종이와 제본에서 다듬재단할 때 생긴 자투리 종이를 말합니다.

### 다테메(Machine direction, Grain direction)

종이의 결이 낱장에서 긴 변에 평행하여 있는 종이를 말합니다.

### 미미

안 자른 가장자리를 말합니다.

### 손시(Spoilage, Maculature)

인쇄 또는 제본 중에 여러 가지 원인으로 사용 불가능한 종이를 말합니다.

### 시와(Wrinkle, Luck)

파지로서 빼놓아야 할 주름진 종이를 말합니다.

### 시훈(Dust)
지면에 묻어 있는 분말 모양의 먼지를 말합니다.

### 완푸(Mill wrapper)
제품을 포장하는 데 쓰이는 종이를 말합니다.

### 요비시(Oversheet)
인쇄나 제본 공정에서 손실이 날 수 있는 종이를 예측하여 정미 사용량에 덧붙여 준비하는 종이를 말합니다.

### 요코메(Cross direction, Cross grain direction)
종이의 결이 낱장에서 짧은 변에 평행하여 나 있는 것을 말합니다.

### 욘사이
원지의 가로와 세로를 각각 반을 재단한 것을 말합니다.

### 귀발이(Comer)
양장본의 경우 표지의 여는 쪽 위아래에 클로스나 가죽 등을 세모꼴로 붙이는 경우가 있는데, 이것을 '귀발이'

라고 합니다. 세모꼴의 높이는 동정의 너비와 동일하게 하는 것을 원칙으로 하며, 장식의 효과를 냅니다.

### 등 글자(Back title)

주로 등에 인쇄되었거나 박(Leaf)으로 표시한 글자를 말합니다.

### 동정(Outside)

책표지의 한쪽 부분에 색다른 클로스나 가죽을 붙일 때 등가죽과 앞표지의 일부분을 덮는 경우가 있는데, 이것을 '동정'이라고 합니다. 표지를 보다 견고하게 하고 장식의 효과도 있습니다.

### 헛장(Fly leaves)

면지와 책의 속장 사이에 인쇄하지 않은 종이를 넣는 경우가 있는데요. 이를 '헛장'이라 하며, 책의 체제를 돋보이게 하기 위해 사용합니다.

### 홈(Groove)

양장본의 경우 표지의 여닫음을 좋게 하기 위해 포장

용지와 책등과의 사이를 밀착시키지 않고 조금 떼어놓아 홈처럼 골을 내는데 이것을 '홈'이라고 합니다.

### 가부리

재단기로 책이 속장을 자를 때 기계나 칼이 나빠 잘린 데가 굽게 되는 것을 말합니다.

### 가미뵤시(Paper cover)

한 장의 종이로 둘러싼 표지를 말합니다.

### 가쿠세

양장의 일종이며, 등의 모양이 둥글지 않고 모가 나게 한 것을 말합니다. 보통 '각양장'이라고도 합니다.

### 고구치(Edge)

다듬재단을 한 책의 3면, 그러나 위쪽(머리)과 아래쪽(밑)을 제외한 맨 몫의 반대편, 즉 앞쪽(배)을 가리킵니다.

### 구루(Good bye)

제본에서 잘못하여 표지와 속장의 아래위를 거꾸로 싼

것을 말합니다.

### 우라(Back side)
앞면을 상대하여 그 뒷면을 말합니다.

### 오모테(Top, Bletside)
종이의 매끄러운 면을 말합니다.

### 오초코(Tight adge, Cockle)
쌓아둔 종이의 가장자리가 말라 들떠 오르고 가운데 쪽은 바가지처럼 움푹 굽어지는 것을 말합니다.

### 와레(Cracking)
판지를 굽혔을 때 생기는 터진 곳을 말합니다.

### 기리쓰케뵤시(Cutflush)
표지와 속장을 단번에 다듬재단한 테가 없는 표지를 말합니다.

### 누키오리

종이를 접을 경우에 1장씩 접는 대신에 여러 장을 겹쳐 놓고 반으로 접는 금을 좀 세게 눌러서 접은 다음 1장씩 빼내는 손접지의 방법을 말합니다.

### 누키와케(Draw and folding)

윤전인쇄를 할 때 1접장에 미치지 않는 자투리 페이지를 배수 또는 4배로 걸어 인쇄한 후 겹쳐서 접혀 나오는 같은 접장을 1장씩 나눈 것을 말합니다.

### 다치와리

주로 접지작업의 준비를 위해 인쇄물을 재단하는 것을 말합니다.

### 도지(Sewing and stiching)

책의 속장이 흩어져 없어지지 않도록 매는 작업을 말하는데요. 실매기, 철사매기, 미싱매기, 풀매기, 고리매기 등 여러 가지 방식이 있습니다.

### 라센토지(Coil binding, Spiral binding)

스케치북, 노트 따위의 낱장으로 된 것을 매는 데 이용하는 특수한 제본양식을 말합니다.

### 란초(Incorrect collating, Imperfect collating)

한 권의 책자에서 페이지의 순서가 섞이고 바뀌어 들어간 것을 말합니다.

### 모구리

용지의 치수 부족 또는 접지의 잘못으로 잘릴 몫이 없어져서 그중의 몇 장인가가 재단되지 않은 것을 말합니다.

### 간논비라키

좌우 양면의 페이지를 2배로 하여 안쪽으로 접어 넣은 것을 말합니다.

### 쓰키모노(Annexed matter)

앞붙이, 뒤붙이 및 별쇄의 그림 따위의 총칭인데요. 삽입광고, 독자카드, 책가위, 띠종이 등 출판물에 부속되는 인쇄물을 말합니다.

### 간논오리

종이의 양쪽 면을 안쪽으로 접어 넣는 접지방법을 말합니다.

### 세이혼(Book bindimg)

용지나 인쇄물을 맨 다음 표지를 씌워 서적, 장부, 앨범 따위를 만드는 것을 말합니다.

### 소구리(Collating)

제본과정에서 접장을 검품하는 것을 말하는데요. 장합이 끝난 단계에서 난장(亂張), 낙장(落張), 복장(複張) 등의 유무를 검사 및 확인하는 것을 말합니다.

### 고시

인쇄용지 성질의 하나인데요. 종이를 가볍게 꺾어보았을 때 되돌아오는 성질을 말합니다.

### 나리(Nattle, Snap)

종이를 두 손가락 사이에 끼고 흔들었을 때 나는 소리를 말합니다.

### 쓰카미혼

부피를 확인하기 위해 만드는 견본을 말하는데요. 이에 의해 표지, 책가위, 책상자 등의 치수를 결정합니다. 따라서 본지와 같은 지질, 같은 페이지, 별쇄(別刷)의 장수 등 모두 실제와 동일하지 않으면 안 됩니다.

### 오리코미

본문 페이지의 규격보다 큰 별지를 접어서 페이지 사이에 끼워 맨 것을 말합니다.

### 이치부누키

제본을 하기 전에 본문, 표제지, 별쇄 등 1책분의 속장을 갖추어보는 것 또는 갖춘 그 자체를 말합니다.

### 조아이(Gathering, Collecting)

책자의 속장이 되는 접장을 순서대로 포개는 것을 말합니다.

### 아토즈케(Posterior matter)

책자에서 본문 뒤에 붙는 인쇄물을 말합니다.

### 혼세오혼

실로 맨 속장을 다듬재단한 다음 표지를 싸는 방식의 제본을 말하는데요. 표지가 속장보다 약간 튀어나온 것이 특징이며, 표지의 종류에 따라 두꺼운 표지, 얇은 표지로 나뉩니다. 책의 등을 만드는 방법에 따라 둥근 등, 모등으로 구분합니다.

### 누끼

일본어로 뺌, 제거함이라는 뜻을 지니고 있으며, 이미지 작업을 할 때 배경에서 따로 사물이나 인물을 분리해내는 작업을 말합니다. 촬영할 때 '누끼컷을 찍다', 편집할 때는 '누끼를 딴다'라고 주로 말합니다.

### 앗쓰오리(Octavo)

인쇄물을 3번 직각으로 돌려 접어 16페이지가 되게 하는 가장 일반적인 접지방법을 말합니다.

### 어코디언 폴드(Accordion fold, Zigzag fold)

병풍처럼 접는 접지방식을 말합니다.

### 좌수

왼쪽부터 기사의 제목 부분이 시작되는 것을 말합니다. '히라키라'고도 부르며, '펼침 페이지'라고 하기도 합니다.

### 우수

좌수와는 반대로 오른쪽부터 기사의 제목 부분이 시작되는 것을 말합니다.

### 조아이

책자의 페이지가 많을 경우 나누어서 인쇄하는데, 이것을 책 순서에 맞도록 뽑아내는 작업을 말합니다.

### 미싱

티켓이나 영수증, 우표, 지로용지 등 분리하여 보관하기 위해 뜯어지기 쉽게 선에 맞춰 작은 바늘구멍을 내는 작업을 말합니다.

### 베라초아이(Leaf gathering)

낱장으로 된 인쇄물을 장합(張合)하는 것을 말합니다.

### 세모지(Ack title)

서적 등에 넣는 서적명, 작가명, 발행소 따위의 문자를 말합니다.

### 마진(Margin)

페이지 재단선과 단 안내선 사이에 주는 여유 공간을 말합니다.

### 세바리(Back lining)

등굳힘할 때 등을 보강하기 위해 쓰이는 천이나 종이를 말합니다.

### 귀돌이

모서리가 90도로 긱진 것을 부드럽게 둥글려주는 작업인데, 굴려주는 원의 크기를 먼저 결정해주어야 합니다. 코팅이나 재단이 끝난 뒤에 최종적으로 하는 작업입니다.

### 넘버링

인쇄물에 일련번호를 매기며 돌아가는 별도의 인쇄를 말합니다.

## 오시

종이의 접어야 되는 부분을 한 번 눌러주는 작업이며, 두꺼운 종이를 접을 때 오시작업을 하지 않게 되면 종이가 하얗게 터져버립니다. 일반적으로 종이의 두께가 50g 이상이 되면 오시선을 넣어줘야 합니다.

# 문장 부호

| 부호 | 이름 | 용법 |
|---|---|---|
| . | 마침표 | ○ 서술, 명령, 청유 등을 나타내는 문장의 끝에 쓴다.<br>○ 연월일을 표시하거나 특정한 의미가 있는 날을 나타낼 때 쓴다. |
| ? | 물음표 | ○ 의문문이나 물음을 나타내는 어구의 끝에 쓴다.<br>○ 적절한 말을 쓰기 어렵거나 모르는 내용임을 나타낼 때 쓴다. |
| ! | 느낌표 | ○ 감탄문이나 강한 느낌을 나타내는 어구의 끝에 쓴다. |
| , | 쉼표 | ○ 어구를 나열하거나 문장의 연결 관계를 나타낼 때 쓴다.<br>○ 문장에서 끊어 읽을 부분임을 나타낼 때 쓴다. |
| · | 가운뎃점 | ○ 둘 이상의 어구를 하나로 묶어서 나타낼 때 쓴다. |
| : | 쌍점 | ○ 표제나 주제에 대하여 구체적인 사례나 설명을 붙일 때 쓴다.<br>○ 시와 분, 장과 절 등을 구별할 때 쓴다. |
| / | 빗금 | ○ 대비되는 둘 이상의 어구를 묶어서 나타낼 때 쓴다. |
| " " | 큰따옴표 | ○ 대화를 표시하거나 직접 인용한 문장임을 나타낼 때 쓴다. |
| ' ' | 작은따옴표 | ○ 마음속으로 한 말이거나 인용문 속의 인용문임을 나타낼 때 쓴다.<br>○ 문장 내용 중에서 특정한 부분을 특별히 드러내 보일 때 쓴다. |
| ( ) | 소괄호 | ○ 주석이나 보충적인 내용을 덧붙일 때 쓴다.<br>○ 항목의 순서나 종류를 나타낼 때 쓴다. |
| { } | 중괄호 | ○ 같은 범주에 속하는 여러 요소들을 묶어서 보일 때 쓴다. |
| [ ] | 대괄호 | ○ 괄호 안에 또 괄호를 쓸 필요가 있을 때 바깥쪽의 괄호로 쓴다.<br>○ 원문에 대한 설명이나 논평 등을 덧붙일 때 쓴다. |
| 『 』 | 겹낫표 | ○ 책의 제목이나 신문 이름 등을 나타낼 때 쓴다. |
| 「 」 | 홑낫표 | ○ 소제목, 예술 작품의 제목, 상호, 법률 등을 나타낼 때 쓴다. |
| ≪ ≫ | 겹화살괄호 | ○ 책의 제목이나 신문 이름 등을 나타낼 때 쓴다. |
| < > | 홑화살괄호 | ○ 소제목, 예술 작품의 제목, 상호, 법률 등을 나타낼 때 쓴다. |
| — | 줄표 | ○ 제목 다음에 표시하는 부제를 나타낼 때 쓴다.<br>○ 문장 중간에 끼어든 어구를 나타낼 때 쓴다. |
| - | 붙임표 | ○ 차례대로 이어지거나 밀접한 관련이 있는 어구를 묶어서 나타낼 때 쓴다. |
| ~ | 물결표 | ○ 기간이나 거리 또는 범위를 나타낼 때 쓴다. |
| ˙ | 드러냄표 | ○ 문장 내용 중에서 특정한 부분을 특별히 드러내 보일 때 쓴다. |
| ___ | 밑줄 | ○ 문장 내용 중에서 특정한 부분을 특별히 드러내 보일 때 쓴다. |
| ○, × | 숨김표 | ○ 금기어나 비속어 또는 비밀임을 나타낼 때 쓴다. |
| □ | 빠짐표 | ○ 글자가 들어갈 자리임을 나타낼 때 쓴다. |
| …… | 줄임표 | ○ 할 말을 줄이거나 말이 없음을 나타낼 때 쓴다. |